실리콘 밸리에서 전하는 벤처 39계명

스타트업 바이블 2
Startup Bible 2

배기홍

책정보

스타트업 바이블 2 실리콘 밸리에서 전하는 벤처 39계명

Startup Bible 2
39 things Korean entrepreneurs don't know about Silicon Valley

배기홍
Kihong Bae

Copyright 배기홍, 2013

이 책은 저작권법에 의하여 보호를 받는 저작물이므로 무단전재와 무단복제를 금합니다. 이를 위반시에는 형사/민사상의 법적책임을 질 수 있습니다.

thestartupbible.com

펴낸곳	요구맹 미디어
이메일	editor@yogmanmedia.com
지은이	배기홍
펴낸일	2013년 1월 1일
ISBN	978-89-96904700 (전자책)
	978-89-96904717 (종이책)

Cover design **JR Design**

© 2012, 2013 by *Kihong Bae*
All rights reserved. Published by the Yogman Media. No part of this book may be reproduced in any form or by any electronic or mechanical means including information storage and retrieval systems, without permission in writing from the author.

목차

9p .... 헌사

11p .... 추천의 글

15p .... 서문

19p .... 제1계명 **시작**이 **전부**다

25p .... 2계명 벤처 현장은 대학 계급장이 필요없는 전장이다

31p .... 3계명 MBA 갈 돈으로 창업하라

39p .... 4계명 사업 계획서는 필요 없다

45p .... 5계명 혼자 창업하지 말라

51p .... 6계명 창업은 저렴하다 I

57p .... 7계명 창업은 저렴하다 II

65p .... 8계명 창업은 발명이 아니다

73p .... 9계명 남 탓 말고 '나'를 보라

79p .... 10계명 **개발자**와 **동업**하라

87p .... 11계명 **명품**에는 **명품 디자이너**가 필요하다

93p .... 12계명 벤처는 인재를 자양분으로 삼아 성장한다

99p .... 13계명 VC는 NO라고 말하지 않는다

105p .... 14계명 VC는 전지전능한 신이 아니다

111p .... 15계명 벤처 투자는 태평양을 건너기 어렵다

117p ············	16계명	태평양을 건너 실리콘 밸리로 오라
125p ············	17계명	가족이 투자하겠다면 축복이다, 받아라
131p ············	18계명	잠재적인 투자자는 온갖 행색으로 다가온다
137p ············	19계명	투자는 최대한 많이 받아서 비상시에 대비하라
143p ············	20계명	**지분**은 **희석**된다
149p ············	21계명	라면 먹고 합숙하는 두 청년이 당신의 경쟁자다
155p ············	22계명	특허는 기술 독점을 보장하지 않는다
161p ············	23계명	빨리 똑소리 나는 MVP를 만들라
167p ············	24계명	덜 분석하고 자주 실험하라
171p ············	25계명	하나만 잘하라
181p ············	26계명	프리미엄(Freemium) 서비스로 미끼를 던지라
187p ············	27계명	영업과 마케팅에 돈 낭비 말라
193p ············	28계명	봉이 김선달이 마케팅을 해도 제품이 나쁘면 황이다
199p ············	29계명	고객의 말을 듣고, 답하고, 문제를 개선하라
205p ············	30계명	최고의 개밥 요리사는 개밥을 직접 먹는다
213p ············	31계명	**벤처 근성**은 **기본**이다
219p ············	32계명	직접 해보기 전에는 아무도 믿지 말라
227p ············	33계명	매 순간 전력질주를 하면 장거리를 못 간다

233p	34계명	소셜 미디어 인기가 밥 먹여주지 않는다
237p	35계명	소셜 네트워킹은 초기에만 영양가 있다
241p	36계명	팔 수 있을 때 (계산기를 두들겨보고) 팔라
247p	37계명	창업자 엔진은 녹슬지 않는다
251p	38계명	근근이 먹고 사느니 과감하게 실패하라
257p	39계명	**Just Do It: 일단 저지르자**
261p		부록
273p		끝마치면서
277p		참고문헌
287p		부록 2 – 등장 인물
291p		부록 3 – 회사·서비스 사전
299p		부록 4 – 용어 사전
309p		부록 5 – 벤처캐피털 사전
311p		부록 6 – 영화·출판물 사전
313p		이용 그림 목록
315p		작가 소개
317p		저서 소개

헌사

항상 정신없이 새로운 일을 시도하는

                                      남편을 믿어주는 내 인생의

동반자, 친구 그리고 연인인

                     아내 전지현씨에게 이 책을 바칩니다.

그리고 한결같이 나를 반겨주는

                                          우리 개 마일로한테도.

추천의 글

스타트업은 역시나 창업(創業)이다. 말만 조금 다르지 50년, 100년 전 창업자들이 했던 일과 크게 다르지 않다. 우린 세상과 사람들 사이에서 기회를 발견하고 미래를 예측하고 세상에 큰 가치를 만들기도 하지만, 현실적으로는 가족은 물론 함께하는 구성원을 책임지고 끊임없는 실패와 도전, 그리고 좌절을 겪는다. 모두 꿈꾸는 페이스북 CEO 마크 저커버그의 이야기는 희귀한 사례다.

창업자라면 리더로서 올바른 길을 가고 있는지 항상 고뇌해야 성공에 가까워지리라 생각된다. 그래서 《스타트업 바이블 2》를 읽기 전에 우선 '**부록**' 편을 읽어 보기 바란다. 미국에서 뮤직쉐이크가 위기를 맞자 저자가 죽기살기로 돈 구하러 다닌 체험담을 먼저 읽으면 계명 하나하나가 더 깊이 새겨지리라. 몸으로 체험하고 가슴으로 느낀 진실한 이야기이라서다. 2008년 **뮤직쉐이크**가 비상경영체제에 돌입하고 나서 무턱대고 나이키 회장에게 전화를 건 대목에서는 나도 비슷한 경험에 뭉클해지기까지 했다.

《스타트업 바이블 2》는 책상에 앉아서 이런저런 글을 보고 정리한 짜깁기 책이 아니다. 하나하나가 직접 경험한 기쁨과 좌절의 기록이다. 아니 누가 들으면 큰 상처가 될 수도 있는 '근근이 먹고 사느니 과감히 실패하라!'는 말을 당당히 할 수 있을까…. 그만큼 《스타트업 바이블 2》는 후배 창업자를 염려하는 진심을 담았다.

'**부록**' 편
p. 261

뮤직쉐이크
Musicshake
일반인이 쉽게 음악을 만들 수 있는 사용자 제작음악 서비스나 또한 서른 초반에 창업하고 크게 실패했다. 내가 좋아하는 가구디자인 매장을 열었는데 가격이 너무 비싸서 손님이 다들 구경만 하고 구매는 안 했다. 매장이 서울 강남이라 월세도 어마어마한데 새로운 분위기를 보여주려는 마음에 물건을 계속 들이다가 큰 손실을 보고 사업을 정리했다.

사업 실패로 얻은 교훈은 '내가 좋아하는 디자인이 아니라 남이 좋아하는 디자인을 해야겠다'였다. 이후 몇 년간 크고 작은 도전을 계속했다.

그러던 중 **스마트폰**이 세상을 바꾼다길래 2010년 배달의민족이란 서비스로 덜컥 창업을 했다. 사무실 보증금도 없어 카페베네에 모여 친형이 개발을 맡고, 내가 디자인을 했다. 창업에 동참한 친구들은 월급도 거의 받지 않고, 이전 회사 퇴직금으로 각자 노트북을 사서 일했다. 돈도 없이 신용카드 한 장으로 시작했다.

배달의민족은 주변 배달음식점을 소개하고 전화를 바로 연결하는 단순한 서비스지만, 한국 스마트폰 사용자의 15%가 내려받고 손익분기점도 넘어 실리콘 밸리에서 투자도 받았다.

하지만 처음에는 VC라는 단어가 벤처캐피털의 약자인지도 몰랐다. ㅎㅎㅎ. VC가 던진 '**엑시트(exit) 전략**'이 무엇이냐는 질문에는 '대략난감'이었다. 단순히 개발자인 형과 디자이너인 나는 사람들이 많이 쓰는 서비스를 만들면 되겠지 하며 약간 무모하게 사업을 시작했다.

스마트폰
smart phone
PC와 같은 기능,
더불어 고급
기능을
제공하는 휴대
전화
…

출구 전략
exit strategy
투자한 자본을
최대한으로
회수하는 일.
대개 회사
매각이나 기업
공개를 택한다
…

foreword

그때 《스타트업 바이블 2》의 전편인 《스타트업 바이블》을 만났다. 많이 배웠다. 창업팀을 어떻게 꾸리는지 지분이란 어떤 것인지 회사의 가치산정은 대략 어떻게 하는지 알게 됐다.

지금 다시 벤처 붐이다. 많은 스타 창업자가 탄생하리라. 그리고 시련을 겪으며 실패할 더 많은 창업자가 팀을 원망하고, 자신을 탓하며, 경쟁사를 원망하고 시대의 뒤편으로 사라지리라.

창업을 준비하는 예비 창업자는 이번 《스타트업 바이블 2》와 함께 1편도 반드시 함께 읽어보기를 권한다. 여러 벤처창업 서적을 읽었지만, 현재까지 나온 관련 서적 중에 가장 도움이 됐다. 앞으로 겪게 될 수많은 어려움을 헤쳐나가기 위해 《스타트업 바이블》, 《스타트업 바이블 2》를 읽고 준비된 창업자가 되길 바란다.

2012년 6월 9일
㈜ 우아한형제들 대표 김봉진

서문

그림 A – CC BY 2.0, Steve Snodgrass on Flickr

2011년 5월
링크드인
6월
판도라
11월
그루폰
12월
징가

2012년 3월
옐프
5월
페이스북
⋮

2012년 7월 1일
기준 페이스북
시가총액은
665억 달러로
하락했다.
⋮

2010년 8월 9일, 이 책의 1편에 해당하는 《스타트업 바이블 – 대한민국 제2의 벤처붐을 위하여》가 출간된 지 거의 2년이 지났다.

2012년 지금, 한국 젊은이들의 창업 열기는 뜨겁다. 내가 거주하는 미국 로스앤젤레스에서도 한국에 제2의 벤처 창업 붐이 일고 있다는 걸 체감할 정도다. 예를 들면 한국 내 벤처 기업을 취재한 언론 보도가 확연히 늘어났고, 내가 직접 소액투자를 하는 입장에서 투자하고 싶은 회사도 많아졌으며, 내게 직접 연락하는 예비 창업자도 많아졌다. 또한, 한국에서 창업하는 벤처 기업의 경쟁력도 높아졌다는 느낌이 든다.

2년 사이 세계 경기는 더 나빠졌다. 그래도 실리콘 밸리는 2000년 닷컴버블 이후 최고의 호황이다. **2011년 5월** 비즈니스 소셜 네트워크 링크드인이 30억 달러 규모로 기업공개를 시작한 이래, 판도라·그루폰·징가·옐프 등은 각각 수십억 달러의 규모로 화려하게 나스닥과 뉴욕증권거래소에 상장됐다. 여기에 2012년 5월 18일, 지금까지 그 어떤 실리콘 밸리 벤처 기업의 기업공개보다 큰—구글보다도—페이스북의 1,000억 달러 규모의 상장은 다시 한번 벤처 창업 붐을 세계적으로 확산시키고 있다.

이에 질세라 한국에서도 KT가 창업한 지 4년이 안 된 신생 벤처 기업 엔써즈를 450억 원 규모로 인수했다. 또한, 한국 게임 업계의 대표 주자 넥슨은, 2011년 12월 일본 자스닥에 상장하면서 1조 원 이상의 자금을 유치했다. 이는 2011년 일본 자스닥의 최대 기업공개였다.

preface

> **1**
> "40 under 40."
> *Fortune*, 2011

> 상장
> initial public offering
> IPO
> 주식공개 또는 기업공개. 우리나라에서는 주로 코스닥에 등록한다는 의미

> 벤처 기업
> startup
> 고도의 전문 능력·기업가 정신을 살려, 대기업에서는 착수하기 힘든 특수한 신규 산업에 도전하는 연구개발형 신규 기업

시대의 흐름은 다시 벤처 창업이다. 2011년 《포천》에서 발표한 '40 under 40' 보고서는 40세 이하 부호 40명을 선정했는데 14명이 IT 벤처 창업이다.[1] 일생일대의 기회를 잡으려고 누구는 명문대를 중퇴하고, 누구는 잘 다니던 대기업을 떠난다. 즉, 2012년 현재, 40세 전에 부와 명예를 거머쥐는 방법은 바로 IT 벤처 창업이며, 어차피 한번 사는 인생 내가 책임지겠다는 진취적인 사고방식이 다시 호응을 얻고 있다.

청년 창업의 전도사를 자처하는 나 또한 부와 명예를 좇는 창업자지만, 부끄럽게도 아직 사업가로는 성공하지 못했다. 나는 2008년 음악 전문가가 아니어도 누구나 손쉽게 음악을 만들 수 있는 서비스인 뮤직쉐이크 미국 지사를 설립하고 4년 4개월 동안 운영했다. 그러나 뮤직쉐이크를 **상장**하지도 못했고 좋은 가격에 매각하지도 못했다. 성공 근처에도 가지 못했다.

하지만 실수하는 과정에서 많이 배웠고, 이러한 경험 때문인지 예비 창업자와 현재 **벤처 기업**을 운영하는 창업자를 만날 기회가 많아졌다. 덕분에 나는 1편 출간 후 많은 예비 창업자의 고민을 들었다. 또한, 기업이나 대학에서 강연하며 1편에서 못 다룬 질문을 받기도 했고, 조언을 구하는 예비 창업자를 돕기도 했다.

이때 놀랍게도 많은 사람이 창업을 크게 오해하고 있고, 질문 중 절반 이상이 현실과는 동떨어져 있었다는 사실을 알게 됐다. 실제로 그들과 이야기해 보면 대부분 "나에게 누가 이걸 귀띔해줬다면 시간과 돈을 낭비하지 않았을 텐데"라고 아쉬워한다.

많은 예비 창업자가 정립되지 않은 상식과 근거 없는 소문으로 창업의 꿈을 접거나, 중간에 포기하거나, 굳이 경험하지 않아도 되는 실수를 한다.

이는 《스타트업 바이블》과 마찬가지로, 내 현장 경험 100%를 기반으로 《스타트업 바이블 2: 실리콘 밸리에서 전하는 벤처 39계명》을 쓰게 된 동기가 됐다. 2편을 통해서 예비 창업자의 궁금증을 해결하고, 불필요한 시행착오가 다시 실수로 이어지는 악순환의 고리를 끊는 데 도움을 드리고 싶다. 자, '실리콘 밸리에서 전하는 벤처 39계명'을 선사한다.

계명(誡命)
종교에서 반드시 지켜야 할 조건
⋮

공시

1. 책의 내용 중 일부는 《스타트업 바이블》 1편을 인용했습니다.
2. 책의 내용 중 일부는 직접적인 경험이 아닌 간접적인 경험에 기반을 두는데 이 부분은 명기했습니다.

시작이 전부다

제1계명

그림 B – CC BY 2.0, Justin Ornellas on Flickr

The first step is the hardest

...
1
"Jack Dorsey: The Hardest Thing for Any Entrepreneur Is to Start."
TechCrunch, 2011

"**창**업자에게 가장 힘든 결정은 바로 시작 그 자체 다."¹ 트위터의 공동 창업자 잭 도시가 한 말이 다. "내가 지금 창업을 포기하면, 10년 후 이 결정을 후회하지 않을 자신이 있나?"를 나 자신에게 물어보자.

창업은 시작이 반이 아니라 '전부'다. 채용, 투자 유치, 영업 등 운영상의 문제는 나중 일이다. 난 이미 창업을 해봤고 주위의 수많은 벤처 기업을 관찰해왔는데, 시작하기 정말정말 어렵다. 내가 창업 전에 점검했던 다섯 항목을 소개한다.

✓ '후회비용'

경제학에서 기회비용이란 용어가 있다. 가령, 내가 2년 과정 MBA를 다니려면 직장을 관두어야 한다. 그동안 직장을 다녀 1억 원을 벌 수 있었다면 1억 원을 벌 기회를 놓친 셈이다. 이렇게 두 눈 뜨고 떠나보낸 1억 원을 **기회비용**이라고 한다.

비슷한 맥락에서 난 '후회비용'이란 용어를 만들어봤다. 이런 질문을 자신에게 던져보자.

> "내가 실행을 포기한 아이디어로 나 대신 누군가가 NHN만큼 성공한다면 느낌이 참담하겠지?"

> "내 쓰린 심경을 돈으로 환산하면 10년 동안 내가 번 소득보다 많을까 또는 적을까?"

내 경우, 결론은 뻔했다. 나는 후회라는 단어가 싫다.

> 기회비용
> opportunity cost
> 어떤 재화의 여러 용도 중 어느 한 가지만 선택한 경우, 나머지 포기한 용도에서 얻을 수 있는 이익의 평가액

✓ 가족의 동의

가족이 있다면, '시작' 전에 동의부터 받아라. 특히 배우자의 동의는 필수. 간혹, 주위의 미혼남녀 중 "부모님께서 반대하셔서요."라며 말을 흐리는 경우를 본다. 사실 부모님 반대보다는 자신의 나약함과 우유부단함을 부모님 탓으로 돌리는 건 아닐까? 가족도 설득하지 못하는 사람은 자기 사업할 자질이 부족하다고 본다.

✓ 솔직해지기

살다 보면 거짓말도 필요하다. 그래도 창업을 하려면 자신에게 100% 솔직해야 한다.

시작이 전부다

MBA
경영학 석사
19세기 후반 미국에서 기원을 찾아 볼 수 있으며, 회사들이 과학적 경영기업을 추구하면서 발전했다.
…

❝너 자신 있어? 죽이 되든 밥이 되든 죽을 각오로 덤비는 거야, 알았지?❞ 자신에게 냉정하게 묻고 솔직하게 답해야 한다.

✓ **차선책은 꿈도 꾸지 말라**

'혹시 이게 안 되면'하고 차선책을 생각하기 쉽다. 차선책을 마련하는 일은 일반적으로 좋은 전략이지만, 창업 여부를 정하는 결정에서 차선책은 도움보다는 오히려 방해물이다.

왜냐하면, 사람은 더 편하고 덜 위험한 차선책이 있으면 반드시 그 차선책 쪽으로 발이 가고 몸이 가게 마련이기 때문이다. 짧지만 와튼 스쿨에서 MBA 과정 한 학기를 경험하면서도 차선책의 심리학을 포착했다. 간혹 직종을 바꾸려고 MBA 과정에 입학하는 엔지니어 출신 학생이 있다. 이들 대부분은 졸업 후 연봉과 보너스가 두둑한 투자은행이나 경영 컨설턴트를 꿈꾼다. 그런데 이들의 심리를 살펴보면 "투자 은행이나 컨설팅 회사에 취직하고 싶지만, 혹시 취직 못 할 수도 있잖아? 차선책으로 다른 IT 회사도 알아볼래"가 매우 많다. 난 이런 늦깎이 학생이 투자 은행이나 컨설팅 회사로 취직하는 경우를 못 봤다. 모두 다 차선책을 택했다.

✓ **계산은 금물**

사업을 시작할 때는 비용 대비 효과를 많이 계산한다. 하지만 벤처를 한다면 계산은 금물이다. 왜 등 따습고 배부른 직장을 버리고 당장 월급도 안 나오는 창업을 하나? 수학적으로 계산이 안 나온다. 당연히 비합리적인, 바보짓이다. 결론은 항상 "월급쟁이가 안전하다."

눈 질끈 감고 풍덩

창업 시작 조금 쉽게 안 될까? 하지만 "그런 방법 없다"가 정답이다. 대학을 갓 졸업한 젊은 후배, 일에 염증을 느끼는 직장 초년생, 노후가 보장된 공무원, 지위가 탄탄한 대기업 부장님, 이들 모두에게 창업 시작은 큰 부담과 위험이 따르는 인생 최대의 결정이다.

꼬박꼬박 월급 받아먹다가 창업을 하려면 안전한 삶과 지금까지 쌓은 사회적 지위, 씀씀이가 커진 생활 수준을 모두 버려야 한다. 그렇지만 내 인생을 스스로 개척해 나가야 한다는 점에서는 흥분되는 일이기도 하다. 때로는 공포와 함께, 엄청난 스트레스가 밀려온다.

신념의 도약
The Leap of Faith
형태도 없고, 증명할 수도 없고, 실증적 증거도 없는 어떤 것을 받아들이거나 믿는 행위

"믿어라, 받아들여라, 그리고 도약하라"는 **신념의 도약**이 필요하다. 믿음은 종교처럼 감각과 이성의 영역 밖에 있다. 하지만 두려움을 극복하고 건넌 저편에는 값진 그 무엇이 당신을 기다리고 있을 것이다.

자, 가족의 동의도 구했고 솔직히 자신도 있는데 그래도 결정하기 어려운 상황이라면? 일단 축하한다. 적어도 가능성이 50%는 된다는 말이다. 'Just do it©'. 시작부터 해보라고 권한다. 나중 일은 그때 대처하면 된다.

§ § §

벤처 현장은 대학 계급장이

제2계명

그림 C – CC BY 2.0, 똥싼펭귄 on Flickr

필요없는 전장이다

> **"우리 학교는 서울대·연세대·고려대도 아닌데 제가 창업해서 성공할 수 있나요?"**

2011년 5월, 약 2주 동안 한국에 있으면서 몇몇 대학교 창업 관련 학과에서 특강을 했는데 위와 같은 **학벌** 질문이 꼭 한두 번은 언급됐다. 물론 난 학벌과 창업 성공은 무관하다는 사례를 소개했다. 그런데 놀랍게도 《스타트업 바이블》 1편을 읽었다는 학생들조차 여전히 비명문대 콤플렉스를 극복하지 못했다.

유감이다. 아직도 한국의 많은 대학생이 소위 말하는 명문대학교에 발이라도 담가야만 창업이 가능하다고 생각한다. 사실 대기업 입사는 명문대 계급장이 있으면 유리하다. 그러나 맨땅에서 시작하는 창업에서도 명문대 출신만 성공시켜주나?

학벌(學閥)
특정 학교 출신이 특정 기업 내에서 암묵적인 세력을 형성하여 세력을 확장하는 데 이용하는 행위나 그 집단을 지칭하는 용어 여러 명문대 출신 대기업 직장인과의 개인적인 대화 및 인터뷰를 해본 결과 나는 명문 대학 계급장은 오히려 창업의 장애물일 수도 있다고 본다. 자부심과 두려움 때문이다. 명문 대학 출신은 성공 가도를 달려왔다는 자부심이 강하고, 자부심에 금이 가는 실패를 남보다 훨씬 두려워한다. 창업자가 창업해서 실패할 확률은 높게는 90%나 된다.¹ 그래서 명문대 출신은 실패하면 남이 흉볼까봐 안정적인 대기업을 택해 안주하기 쉽다.

나는 중앙대학교를 졸업했다. 중앙대학교도 좋은 학교지만 아직 명문대라는 사회적 합의는 얻지 못하고 있다. 반면, 난 미국에서 스탠퍼드 대학 석사 과정을 졸업하고 와튼 스쿨 MBA 과정에 입학했다. 즉, 난 한국에서는 비 명문대, 미국에서는 명문대 출신이다. 난 비 명문대 출신이지만 창업을 했고, 명문대 대학원을 졸업했지만 아직 5년이 지나도록 성공하지 못했다. 자기 얼굴에 침 뱉기지만, 나 자체가 창업과 학벌의 상관관계를 약하게 만드는 간접 증거다.

정세주 씨는 스물다섯에 홍익대학교를 중퇴하고 2005년 미국 뉴욕으로 무작정 건너왔다. 영어도 못했고 돈도 없었다. 하지만 지금은 눔의 창업자이자 CEO다. 눔에서 만든 카디오트레이너(CardioTrainer) 앱은 구글 안드로이드 마켓 등록 후 다운로드 1천만 번을 돌파했고 2011년 3월까지 헬스·피트니스 부문 순위 1위였다. 2010년 《뉴욕 타임스》에서 선정한 최고의 안드로이드 앱에 들기도 했다.² 눔은 2011년 실리콘 밸리 유명 창업투자회사인 KPCB의 투자를 받았다. 성공했다.

1
"Future TechStars, Step Forward."
Inc., 2012

2
"Top 10 Android Apps."
The New York Times, 2010

You don't need to be an Ivy Leaguer to play

이제 "성공하려면 학벌이 필요할까?"라는 의문은 없어지길 바란다. 좀더 학벌과 성공이 상관 관계가 없다는 사실을 알리기 위해 《스타트업 바이블》 1편에서 소개했던 UC버클리 비벡 와드화 교수의 통계 데이터를 다시 한번 인용하겠다.

> 하버드 대학교 법대 수석 연구원이자 UC버클리의 객원교수인 비벡 와드화의 연구 결과에 따르면, 출신 대학과 성공적인 창업 사이에는 상관 관계가 없다.
>
> 1. 연구 대상인 628명의 미국인 창업자들은 총 287개 대학에서 학위를 땄다. 그 중 상위 10위권 대학은 19%였고, 81%의 창업자는 평범한 '보통' 학교에 다녔다.
>
> 2. 인도 출신 창업자 중 인도 최고 대학인 IIT 출신보다 보통 대학으로 인식하는 델리 대학교 출신이 두 배 더 많았다. 또 중국 최고인 칭화(清華)·푸단(復旦) 대학 출신보다 보통 학교로 인식하는 톈진(天津)·쟈오통(交通) 대학 출신의 중국인이 실리콘 밸리에서 더 많이 창업했다.
>
> 3. 다양한 산업군 549개의 성공 기업 창업자 중 아이비 리그 출신은 6%밖에 되지 않았다.
>
> 이 연구에서 가장 의미 있는 발견은 아이비 리그를 졸업한 창업자의 기업과 고등학교만 졸업한 창업자의 기업 사이에 생각만큼 커다란 틈이 없다는 점이다.

또한 이와 관련해 와드화 교수는 일류 대학을 나오지 않은 창업자들은 자신의 능력을 증명해 보이기 위해 오히려 더 열심히 노력하며, 동문 층이 두텁지 않으므로 사회 밑바닥부터 성실하게 일을 배워 성공할 확률이 더 높을 수 있다고 말했다.

❝창업 자체가 최고 학교입니다.❞³

창업자 스티브 비시난자는 미국 명문 카네기 멜론 대학교에서 박사 학위를 받았을 정도로 엘리트였지만, 실제로 학교에서 배운 지식 중 10% 정도만 사회에서 창업할 때 유용했다고 한다. 꼭 기억해두자. 사실 대학은 직업 학교가 아니다. 창업을 잘하는 것과 대학은 전혀 별개의 문제란 이야기다.

§ § §

3
"Dear Future Entrepreneur: The Inc 500s' Messages to the Future."
Inc., 2011

MBA 갈 돈으로 창업하라

제3계명

(man) CC BY 2.0, laverrue on Flickr / (background) CC BY Loco Steve on Flickr

Business schools are for employees

1
"Is an MBA a Plus or a Minus in the Startup World?" *TechCrunch*, 2010

MBA 가치는 "마이너스 25만 달러죠."¹ 연쇄 창업자이자 창업 실용서 분야에서 인기 작가인 가이 가와사키가 MBA 학위에 매긴 값이다. 자신도 UCLA에서 MBA 과정을 졸업했지만, 가와사키는 창업하는 데 있어 MBA는 중요하지 않으며 MBA 인력은 필요할 때 뽑으면 된다고 주장한다.

앞서 말한 것처럼 나도 MBA 과정에 발을 담가봤다. 그것도 미국 MBA 과정 중 세 손가락 안에 드는 펜실베니아 대학의 와튼 경영 대학원에 입학해서 첫 학기를 다녔다. 졸업도 못해놓고 다 아는 양 말하긴 민망하지만, 가장 바쁘고 힘든 첫 학기를 보낸 학생 관점에서 MBA 과정이 대략 어떤지는 안다. 물론 MBA는 대기업, 컨설팅, 은행 또는 중견 벤처에 취업할 때 아주 유용하다. 하지만 나도 가이 가와사키의 의견처럼 MBA는 실제 창업에는 크게 도움이 안 된다고 본다.

와튼 스쿨의 MBA 과정에는 해마다 약 900명이 입학한다. 이 중 30% 정도가—물론 해마다 조금 다르지만—졸업 후 실리콘 밸리의 스타트업에 취업하거나 직접 창업하고 싶어한다. 그런데 왜 바로 창업하지 않고 굳이 20만 달러 가까운 혹독한 수업료를 내고, 2년이라는 소중한 시간을 들여야 하는 MBA 학위가 필요할까?

> "아직 경험이 부족해서 공부를 더 하고, 더 많은 사람을 만난 후에 좋은 아이디어를 가지고 창업하려고요."

공자님 말씀이다. 다만, 현실성과 신빙성이 떨어진다. 나도 MBA 과정에서 경영 이론·마케팅 전략을 공부했다. 또한, **사례 연구**를 통해 기존 기업이 특정 문제를 어떻게 극복했는지 신물 나도록 읽고 보고서를 작성했다.

덕분에 견문이 넓어져서 모임에서 남들과 얘기하면 도움이 많이 된다. 특히 경영 전문 용어를 쓰면 남들이 나를 유식하다고 생각해주기 때문에 잘난 척까지는 아니지만, 가끔 겸손이라는 덕목을 까먹을 정도다.

사례 연구
case study
사회 과학 관련 분야에서 쓰이는 연구방법으로, 하나 또는 몇 개의 사례를 중심으로 분석하는 연구
⋮

그러나 유감스럽게도 내가 벤처 창업을 해보니 MBA 과정에서 배운 어떤 이론이나 사례도 통하지 않았다. 이론은 말 그대로 실용성이 떨어지는 일반론이며, 이제 시작하는 벤처 창업은 교과서적인 모범 전략을 구사할 만한 인력도 자금도 없기 때문이다. 결론적으로 다른 기업이 내 회사와 같은 상황이 아닌 이상, 다른 기업의 사례는 말 그대로 다른 회사의 사례일 뿐이다.

내 경험상 벤처에 적용할 수 있는 사례는 지금까지 없었다. 그리고 내가 MBA 과정에서 배운 내용은 첫째, 남들보다 빠르고, 좋고, 싼 걸 추구해야 하는 벤처 창업에서는 이미 과거의 것이다. 둘째, 와튼 스쿨에서 배출한 MBA 졸업생이 지금까지 총 8만 명이 넘는다는 사실을 생각해보자. 이는 나뿐만 아니라 내 동문이자 잠재적 경쟁자도 다 똑같은 내용을 안다는 뜻이다.

요즘 MBA 과정에서 벤처 창업 관련 수업을 제공하기 시작했다. 그런데 벤처 창업과 **창업가 정신**을 학교 교수가 가르친다? 내 관점에서는 교수 대부분이 스스로 한 번도 제품을 만들거나 팔아보지 못한 책상물림 학자인데, 어떤 이론과 사례를 거부하고 매 순간이 예측 불가능한 벤처 세계를 학자가 어떻게 가르치나? 라는 생각이 들 수 밖에 없다.

벤처 현장은 전쟁터다. 전쟁터에서 살아남으려면 자신이 직접 현장을 분석하고 전략을 짜서 즉각 행동해야 한다. 이런 기술은 책으로 못 배우고 몸으로 부딪히고 쓰러지고 일어나는 현장에서만 배울 수 있다.

> 창업가 정신
> entrepre-
> neurship
> 항상 기회를
> 추구하고,
> 혁신적인
> 사고와 행동을
> 하고, 시장에
> 새로운 가치를
> 창조하는
> 일련의
> 활동 과정
> ⋮

MBA 2년이 창업을 방해하는 가장 큰 이유는 창업의 꿈을 가지고 입학한 사람도 막상 졸업이 가까와지면 투자비 회수 욕구가 생기기 때문이다. 사실 2년간 소중한 시간과 돈을 투자했다면, 수익은 둘째치고 본전 생각이 간절해진다. 이때 고액 연봉의 직장이 돈다발을 살랑살랑 흔들며 유혹한다고 생각해보자.

"내 동기도 다 고액 연봉을 받고 대기업·투자은행·컨설팅 업계에 취업하는데 왜 나만 고생길을 택하지?"라는 생각이 안 들면 오히려 이상하다. MBA로 월급쟁이 몇 년 하면 금방 투자비를 회수하는데 아직 투자비 회수를 못 한 상태에서 벤처 창업이란 기약도 없는 투자를 한 번 더하기는 사실상 어렵다.

더 현실적인 어려움은 대출 상환에 대한 압박이다. MBA 졸업생 대부분은 20만 달러 가까이 되는 MBA 과정 학비 때문에 대출을 받는다. 보통 평균 10만 달러 넘게 빚을 진다. 학자금 대출이 1억 원이 넘는데 억대 연봉을 뿌리치고 무급 창업자의 길을 밟으며 매달 대출금을 갚는다? MBA 과정에서 배우는 기본 중의 기본인 비용 타당성 분석을 적용해보자. 인맥 등 다른 비금전적인 요소를 제거하고 순수하게 비용 대비 효과 면에서 보면 MBA 후의 창업은 자가당착이다.

실제로 앞에 말한, 졸업 후 창업하겠다던 와튼 MBA 학생 중 몇 명이나 뜻을 이뤘을까? 'MBA 출신보다 공학도 출신의 창업자가 거의 3배 이상 많다'는 조사 결과도 시사하듯, 네 명 미만이다.[2]

2
"Move Over M.B.A.s, Here Come the Engineers."
The Wall Street Journal, 2012

Business schools are for employees

대신 MBA 학위는커녕 학사 학위도 없는 젊고 거침없는 청년이 세상을 바꿀만한 아이디어를 가지고 창업한다. 하버드를 중퇴한 페이스북 창업자 마크 저커버그나 졸업을 6개월 앞두고 MIT를 중퇴한 드롭박스 공동 창업자 아라쉬 퍼도우스키가 대표적인 성공 사례다.

공공연한 비밀인데, MBA 과정을 졸업하면 누릴 수 있는 기막힌 특혜가 딱 하나 있다. 바로 동문 인맥이다. 난 와튼 스쿨을 졸업하지는 않았어도, 전 세계 와튼 동문 연락처 열람권한을 얻었다. 뮤직쉐이크 운영을 하면서 업체 제휴가 필요하면 바로 동문 주소록을 찾는다. 와튼 스쿨이야 워낙 유명한 학교고 동문 네트워크가 탄탄해서 구글, 애플, 마이크로소프트, 페이스북의 관리자 직급에 근무하는 동문이 항상 있다.

미국에도 학연이 있다. 미국이나 한국이나, 학교 후배가 전화했는데 일면식이 없다고 매몰차게 전화를 끊기는 곤란하다. 그래서 일 진행이 편하다. 실제로 뮤직쉐이크의 매출에 공헌한 제휴 관계들도 와튼 스쿨 인맥에서 시작됐다.

❝돈이 많으면 좋지만, 평생 그 돈을 쓰지 않는 건 마치 늙어서 섹스하려고 체력을 비축하는 거와 같습니다.❞[3] 세계 최고의 투자자 워런 버핏이 한 명언이다.

공부 더하고 경험 더 쌓고 창업하려다 좋은 청춘 다 간다. 창업하려고 MBA 고민하지 마시라.

§ § §

[3] "Warren Buffett on Sex." *The Motley Fool*, 2009

사업 계획서는 필요없다

제니계명

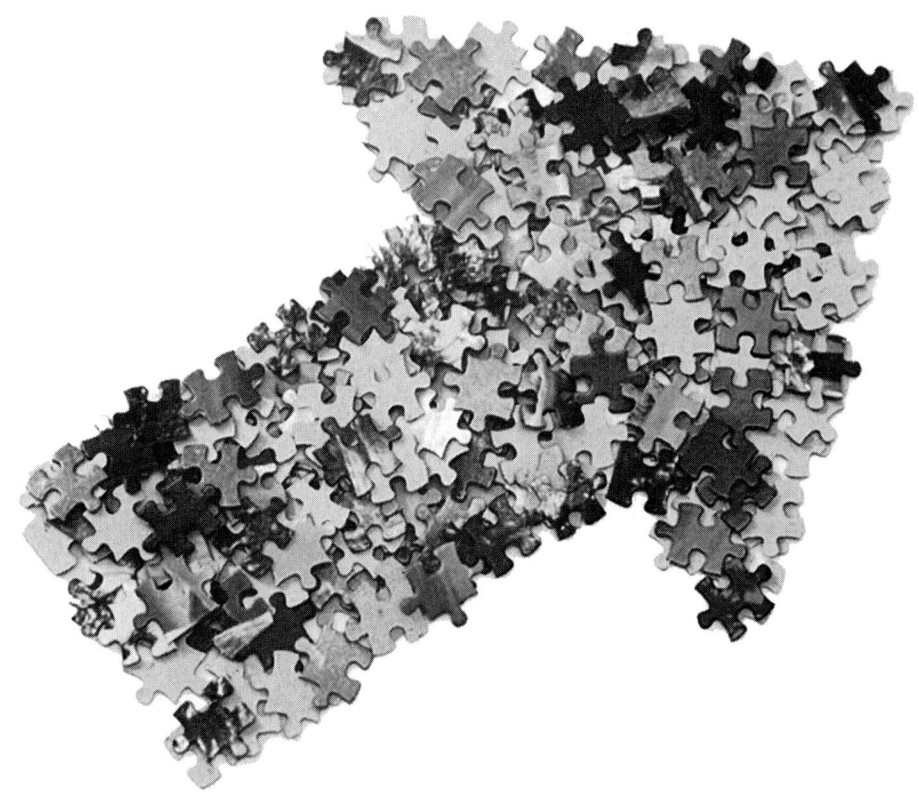

그림 E - CC BY 2.0, Horia Varlan on Flickr

One prototype is worth a thousand words

> 66 우린 신청 양식과 인터뷰만으로 투자를 결정합니다. 데모는 재밌게 보지만 사업 계획서는 절대 안 봐요."¹

벤처캐피털 기업 Y 콤비네이터의 공식 입장이다.

사업 계획서를 이젠 안 봐? 세상이 많이 바뀌었다. 10년 전에는 투자를 받으려면 5개년 매출을 정교하게 예측한 사업 계획서가 필수였다.

하지만 《스타트업 바이블》1편에서 나는 사업 계획서를 완벽하게 쓸 필요가 없다고 했다. 2편을 쓰면서 말을 바꾸겠다. 벤처는 사업 계획서를 아예 쓰지 말라:

1
"Y Combinator FAQ."
http://ycombinator.com/faq

- 투자자는 바보가 아니다. **한 치 앞도 모르는 IT 산업에서 5개년 매출을 예측한 계획서는 전혀 의미 없다.** 의미 없는 수치를 바탕으로 한 투자 요청은 투자자를 오도하는 행위다.

- 투자자는 하루에 신규 벤처를 수십 개씩 접한다. **사업 계획서를 읽기 벅차다.** 사업 계획서가 장황하면 계획에만 지나치게 치중한다는 오해를 사기 쉽다.

사업 계획서는 창업자가 아이디어를 종이에 써댄 장밋빛 동화이다. 현실은 동화가 아니라서 상품이 없는 추상적인 아이디어는 팔지 못한다. **프로토타입을 빨리 만들자.** 창업자는 사업 계획서에 시간 낭비하지 말고 형태를 갖춘 프로토타입을 뚝딱 내놔야 한다.

프로토타입
prototype
아이디어의 시장 가능성을 검증하려고 최소한의 기능만을 갖춘 데모제품

창업자 A와 B의 엇갈린 명암

《스타트업 바이블》 1편에서는 프로토타입의 중요성을 보여주려고 친한 후배 창업자 A와 B의 사례를 들었다.

머리도 좋고 추진력도 탄탄한 두 사람이 각각 비슷한 아이디어로 투자 유치에 뛰어들었다.

A는 꼬박 3개월 공을 들여 그럴듯한 사업 계획서를 만들었다. 실제로 읽어보니 사업 계획서가 매우 논리정연하고 짜임새 있었다. 그러나 안타깝게도 1년이 지난 지금도 A의 아이디어는 (종이 위에) '번뜩이는 아이디어'로만 남아 있다. 아직 투자자가 없다.

사업 계획서는 필요없다

> **베타**
> beta
> 상업용
> 소프트웨어
> 따위의
> 정식 발표 전에
> 소프트웨어
> 검사를 위하여
> 회사가 정하는
> 특정 사용자들
> 에게 배포하는
> 시험용 제품

반면, B는 아예 사업 계획서가 없었다. 대신 가진 돈을 털어 웹프로그래머 한 명을 뽑고 프로토타입을 만들기 시작했다. 3개월 후에 **베타** 사이트를 열었고, 단순한 프로토타입에도 적당한 수의 사용자가 몰렸다. B는 사이트를 연 지 6개월 만에 엔젤 투자 50만 달러를 받았다. B는 투자금으로 개발자를 영입하고 제품을 개선해 더 높은 평가가격을 인정받아 기관 투자를 받았다.

요즘 실리콘 밸리 투자자는 대개 A보다는 B를 반긴다. 필자도 소액투자를 한다. 그런데 절대로(!) 회사 소개 자료나 사업 계획서를 보내지 마라. 대신, 이메일로 다음 질문 양식에 간단히 내용을 적어주시면 고맙겠다.

1. 회사 이름(이름이 있다면)
2. 회사 창립일
3. 창업팀: 이름/직책/간략한 이력(학력 및 경력)
4. 직원 수
5. 지금까지 유치한 투자 금액: 투자자/투자 유치 단계/금액/날짜
6. 프로토타입/제품 링크: **필수!**
7. 간략한 제품 설명
8. 경쟁사 및 경쟁사와의 차별화 전략
9. 간략한 수치: 매출/사용자 수 등

만약 프로토타입이 없고 아이디어만 있는 벤처에서 내게 투자 문의를 해 온다면? 죄송합니다, 안녕히.

§ § §

혼자 창업하지 말라

제5계명

그림 F – Courtesy of Tom Peck

Don't be a single founder

> **❝혼자 창업하면 안 되나요?"**

강연을 다니면 여전히 받는 질문이다. '혼자 창업하지 말라'고 1편에서 말했지만 몇 마디 덧붙여보자.

1편에서 인용한다. Y 콤비네이터 창업자이자 '스타트업의 지도자'라고 불리는 폴 그레이엄은 스타트업을 무너뜨리는 가장 큰 첫 번째 실수가 바로 '단 한 명뿐인 창업 팀'이라고 말한다.[1]

창업자가 하나라면 동업자를 찾고 설득하는 데 실패했다고 추론할 수 있다. 또한, 주위 사람이 창업자의 비전과 능력을 못 미더워했다는 분석도 가능하다. 친한 친구나 가족도 설득하지 못하면 창업자의 자신감을 의심할 수밖에 없기 때문이다. 자신감 없는 창업자는 투자를 유치하거나 직원을 고용할 때 어려움을 겪기 쉽다.

---

[1] "The 18 Mistakes That Kill Startups—1. Single Founder." *Paul Graham's blog.* 2006

1인도 벤처로 쳐?!

'1인 창조 기업'이란 '개인이 사장이면서 직원인 기업'을 의미한다. 하지만 나는 절대로 혼자서 창업하지 말라고 충고한다. 한국에서 최근 1인 창조 기업이라는 말이 유행이다. 특히 중소기업청에서는 매년 1인 창조 기업 지원 프로그램과 예산을 확보해서 집행한다. 정확한 데이터는 보지 못했지만, 내부 사정을 전해 듣기로는 해마다 예산이 남으며, 지원하는 업체는 IT 관련 벤처뿐만 아니라 무역업이나 유통업도 꽤 있다고 한다. 그 이유는 아마도 IT 벤처 중 '1인 창조 기업'은 극소수이기 때문이다(물론 지원 절차가 복잡하고 많은 서류 작업이 필요한 것도 한 이유다).

제삼자가 보면 자신을 위해서 일하는 창업자는 멋있어 보이고, 어떨 때는 부럽다. 그러나 창업은 보기보다 어렵고 외롭다. 가족의 반대와 주위의 따가운 시선을—특히 한국이라는 나라에서는—감당한다는 자체가 스트레스다. 바람 잘 날 없는 벤처를 운영하다 받는 스트레스는 혼자 힘으로 감당하기 어렵다. 같이 가면 외롭지 않은, 벤처의 고행길을 동행할 동료가 있어야 한다.

스타트업 게놈 프로젝트에서 낸 보고서를 보면 "1인 창조 기업은 크게 성장하기가 어렵고, 2인 창조 기업보다 성장하는데 3.6배 이상의 시간이 걸린다."고 한다.[2]

2
"Startup Genome Report Extra on Premature Scaling." 2011

혼자 창업하지 말라

혼자 = 독재자

혼자 창업하면 독재자가 된다. 자신이 내리는 결정이 항상 최상의 결과를 가져온다고 굳게 믿는다. 하지만 옳은 결정보다는 틀린 판단을 내리기 쉽다. 그래서 주위에 공동 창업자가 필요하다.

게임회사 넥슨의 창업자 김정주 회장은 인터뷰에서 경영 동료의 유용성을 언급했다.

> ❝마음에 안 드는 점도 있지만, 경영진에게 맡기는 편이 더 효율적이다. 과거엔 싸운 적도 많은데 나중에 보면 경영진 이야기가 맞는 때가 더 많았다.❞[3]

까칠하기로 유명한 스티브 잡스도 인터뷰에서 "난 사업하면서 비틀즈를 모델로 삼아요. 4명이 서로 단점을 보완하면서 균형을 잡죠. 사업에서 혼자선 신통한 일을 못해요"라며 팀의 중요성을 강조했다.[4]

그렇다면 아예 9명으로 창업 경영진을 구성해볼까? 하지만 이는 바람직하지 않다. 사람이 많으면 의사 결정이 어려워서 나쁘다.

이상적인 인원은 2~3명이다. 난 3명을 선호한다. 3명 일 때 경우의 수를 나열하면 1) 모두 찬성 2) 모두 반대 3) 두 명 찬성, 한 명 반대 4) 한 명 찬성, 두 명 반대이다.

[3] 〈[2012년을 묻는다] 세계의 인재와 돈 끌어 모을 한국 기업 곧 나온다〉. 《조선일보》, 2011

[4] "Steve Jobs." CBS, 2008

어느 상황에서도 다수결을 따를 수 있어 신속하고 공정하게 의사 결정을 할 수 있다. 반면 둘만 있다면 가장 타당한 의견보다는 가장 시끄러운 의견, 즉 목소리 큰 사람이 이기는 때가 잦다. 그런데 아무리 설명해도 굳이 1인 창업을 주장하는 분들을 나는 많이 접한다. 친구와 동업했다가 크게 싸운 후 남남이 될까 두려워해서다. 두려움은 믿음의 적이다.

§ § §

창업은 저렴하다 I

제6계명

> **종잣돈**
> 어떤 돈의 일부를 떼어 일정 기간 동안 모아 묵혀 둔 것으로, 더 나은 투자나 구매를 위해 밑천이 되는 돈

영화 〈소셜 네트워크〉에서 마크 저커버그에게 **종잣돈** 50만 달러를 주며 "제발 개판만 치지 말아라 (Just don't fuck it up)"고 말했던 투자자를 기억하는가? 투자자 피터 티엘의 50만 달러는 (2012년 7월 페이스북의 평가가격을 기반으로) 약 17억 달러가 됐다.

1억 받고 복창, 타이밍이 왕입니다요

2011년 5월 피터 티엘은 '티엘 펠로우쉽(The Thiel Fellowship)'이라는 '반 장학' 창업 프로그램을 발표했다. 티엘 펠로우쉽'은 20세 이하의 예비 창업자 20명에게 10만 달러의 투자와 멘토링을 제공한다. 대신 학교를 최소 2년 동안 휴학하는 조건이다. 어떤 의미로는 '10만 달러를 줄 테니 학교를 관두라'는 말이다.

피터 티엘은 창업에선 타이밍이 학위보다 우선한다고 주장한다.

> ❝페이스북 같은 기업을 시작하려면 타이밍이 매우 중요합니다. 공동 창업자들이 계속 학교에 남았다면, 2년 후 페이스북이란 위대한 기업은 없었을지도 모릅니다.❞[1]

> 1
> "Peter Thiel's newest venture: $100,000 fellowships."
> *USA TODAY*, 2011

학생도 큰 자본금 없이 창업할 수 있을 만큼 벤처 창업이 저렴해졌다는 뜻이기도 하다.

보통 창업하는데 엄청난 돈이 필요하다는 편견이 있다. 물론 우주선을 제조하는 사업이라면 원자재 구매와 공장을 짓는 데 필요한 큰 초기 투자가 있어야 한다.

Starting up is cheap – I

다만, 인터넷 사업으로 창업한다면 이야기가 다르다. 눈부신 기술 발전으로 10년 전보다 초기 투자비용이 1/10로 추락했다. 《스타트업 바이블》1편에서도 언급한 폴 그레이엄이 말하는 창업비용 절감의 이유를 다시 복습해본다.[2]

2
"Could VC Be a Casualty of the Recession?" *Paul Graham's blog.* 2002

1. 저렴해진 하드웨어.........................
성능 좋은 컴퓨터 가격이 낮아지고 있다.

2. 무료 소프트웨어...........................
IT 기업을 차리려면 소프트웨어가 꼭 필요하다. 그리고 소프트웨어는 공짜가 아니었다. 그런데 **오픈 소스** 혁명 덕에 요새는 대부분 무료다. 기존에는 소프트웨어 구매로 수천 달러 또는 수만 달러를 썼지만, 지금은 걱정 없다.

오픈 소스
open source 소프트웨어 제작자의 권리를 지키면서 원시 코드를 누구나 열람할 수 있도록 한 오픈 소스 라이선스

3. 무료 마케팅................................
비싼 돈을 써서 마케팅하는 건 구시대적인 발상이다. 좋은 제품만 만들어서 페이스북, 트위터, 유튜브, 블로그만 효과적으로 활용하면 단기간에 수천만 명의 사용자를 확보할 수도 있다.

4. 기술을 통한 인건비 절감.....................
과거와는 달리 프로그래밍을 전혀 모르는 일반인들도 이제는 강력한 프로그래밍 언어를 사용해 서비스를 개발할 수 있다. 과거에는 여러 명의 프로그래머가 필요했던 작업을 이제는 한 명—창업자 자신—이 처리할 수 있다. 그 결과 인건비 부담이 적다.

53

창업비용이 더 저렴해진 이유를 가이 가와사키의 기사를 바탕으로 정리해봤다.³

> 3
> "Starting a Business: Answer to Lost Jobs?" 2010

빌려 쓰는 클라우드 컴퓨팅

시대는 다시 한번 바뀌었다. 이제는 아예 서버를 살 필요가 없다. 아마존닷컴, 구글, 랙스페이스 같은 회사가 클라우드 컴퓨팅 기반의 서버를 저렴하게 빌려주기 때문이다. 내가 아는, 2010년 이후 창업한 모든 IT 서비스 창업자는 자체 서버 대신 클라우드 서비스를 사용한다.

물론 회사의 규모가 커지면 자체 서버를 구매할 필요가 발생할 수도 있다. 하지만 매달 수백만 명의 고유방문자를 처리하는 핀터레스트, 인스타그램, 포스퀘어, 레딧 같은 서비스도 아직 **클라우드 컴퓨팅**을 이용한다.

> 클라우드 컴퓨팅
> cloud computing
> 필요할 때, 필요한만큼 서버 자원을 사용하게 해주는 서비스

넘치는 좋은 인력

미국을 비롯한 전 세계가 역사상 최악의 불경기다. 불경기는 창업자에게 절호의 기회다. 호경기보다 돈을 덜 쓰고도 좋은 인력을 채용할 수 있어서다.

저렴한 사무실 비용

불경기 여파로 부동산 가격이 대폭 하락했다. 특히 사무용 부동산이 폭락해서 입지 좋은 사무실이 이제 과거의 절반 가격이다.

또한, 재택근무가 확산 추세라서 큰 사무실의 필요성 자체가 감소하고 있다. 전화는 구글 보이스, 팩스는 인터넷 팩스, 연락은 이메일을 쓰면 사무공간이 남는다. 아예 물리적인 사무실이 굳이 필요 없을지도 모른다.

창업은 저렴하다 |

인터넷 사업만큼은 큰 초기 투자비용 없이도 얼마든지 창업할 수 있다. 실제로 내 주위에는 1만 5천 달러로 창업해, 단 6개월 만에 월 2천 달러 매출을 올리는 대학을 갓 졸업한 젊은이가 있다. 다 눈부신 기술 발전 덕이다. 저렴하게 창업할 수 있는 일생일대의 기회다.

§ § §

창업은 저렴하다 II

제7계명

그림 G – CC BY 2.0, kakissel on Flickr

Starting up is cheap – II

인터넷 기반의 웹 서비스만 온갖 혜택을 받아 저렴하게 만드는 것일까? 전문가들은 제조업·청정기술·생명과학의 경우 대규모 설비와 연구개발 자본이 필수라 한다. 그리고 전통적으로 자본 집약적인 이런 산업에 필요한 초기 자본은 절대로 줄지 않는다고 한다.

물론 제조업·생명과학 분야의 창업은 IT 서비스처럼 몇천 달러로 시작하기는 쉽지 않다. 무형의 소프트웨어나 웹 서비스가 아닌, 유형의 제품을 직접 만들어야 하므로 기본적인 설비 투자가 필요하다.

하지만 나는 앞서 말한 전문가들과 약간 반대되는 생각이다. 프로토타입을 먼저 만들어서 필요 자금을 최소화할 수 있다는 기본 개념은 IT 서비스나 제조업이나 크게 다르지 않다고 본다. 미국 동부에 자리한 플라이브릿지 벤처캐피털의 제프 버스강이 투자한 2개의 스타트업 사례를 살펴보자:[1]

[1] "Two Venture Capital Industries – But One Lean Start-Up." 2010

빛을 아껴 드립니다

디지털 루멘스는 산업용 LED 조명 분야에 큰 혁신을 가져온 청정기술 스타트업이다. 산업체의 조명 전기료를 90% 절감시켜주는 기술로 2011년 세계 경제 포럼(다보스 포럼이라고도 불린다) **기술혁신상**을 받았다.

디지털 루멘스는 제조업으로는 소규모인 단돈 50만 달러를 투자받았다. 90% 전기료 절감이란 혁신적인 아이디어지만, 창업자 자신도 상용화하려면 불확실성이 크다는 걸 인지하고 처음부터 대규모 투자를 받지 않기로 한 것이다. 그리고 창업자는 50만 달러로 소수 엔지니어만 채용해서 소프트웨어 기반으로 제어 가능한 산업용 LED 조명 제품의 프로토타입을 재빨리 만들었다.

다행히 프로토타입은 원하던 결과를 내놨고, 입증된 프로토타입으로 회사는 500만 달러의 시리즈 A 투자를 성공적으로 유치했다. 투자금으로는 노련한 전문경영인을 영입했고, 디지털 루멘스는 베타 딱지를 벗은 첫 제품을 선보였다. 그리고 첫 제품으로 시장의 테스트를 거치면서 제품 수정 및 보완을 반복했다. 결국에는 상용화에 성공했다. 마침내 2011년 4월에 디지털 루멘스는 1,000만 달러의 본격 투자를 유치했고 현재 양산 체제를 준비 중이다.[2]

인터넷 분야 스타트업의 창업 및 성장 과정과 크게 다르지 않다. 물론 앞으로 수억 달러의 추가 투자가 필요할 수도 있다. 그래도 50만 달러를 시작으로 30배의 기관 투자를 받았으니 (상대적으로) 저렴한 창업이다.

기술혁신상
Technology
Pioneer
Programme
사회에 공헌할 혁신 기술을 개발하는 기업에 세계경제포럼이 수여하는 상

[2]
"Digital Lumens Closes $10 Million To Bring Smart, LED-Lighting To The Industrial Market."
TechCrunch, 2011

소변 검사로 10억 달러 시장 돌격

프리딕티브 바이오사이언스는 조직검사나 고가장비 없이, 소변 검사만으로 암과 같은 악성 질환을 판단해주는 생명과학 스타트업이다.

현재까지 총 5,600만 달러, 한국 돈으로 650억 원을 투자받았다. 그렇지만 플라이브릿지가 투자한 초기 금액 역시 50만 달러다. 프리딕티브 경영진은 50만 달러로 원천기술을 통째로 확보하고, 남은 돈으로 엔지니어를 채용해서 프로토타입을 만들었다. 프로토타입의 만족스러운 성능으로 제품의 가능성이 입증되자, 경영진은 100만 달러 규모의 **시리즈 A 투자**를 유치했고, 양산 체제를 갖추기 전까지 '저렴하게' 회사를 운영했다. 여기서 '저렴하게'란 확실한 제품과 시장을 찾기 전에는 사업 확장을 하지 않는다는 의미다.

이후에는 정확한 시장을 찾고 상업성이 있는 완벽한 제품을 만들고자, 시장의 반응을 반영해서 제품 수정·보완을 수백 번 반복했다.

결과적으로 프리딕티브 바이오사이언스는 10억 달러 규모의 신장암 진단이라는 초기 시장을 발굴했다. 그리고 본격적으로 자원과 자금을 투자받았다.

> **시리즈 A 투자**
> series A round
> 스타트업이 처음으로 기관 투자를 받는 과정으로 B, C, D로 이어진다

기름 짝 빼고 스타트, 업!

지금까지 소개한, 저렴한 비용의 스타트업 운영을 '린 스타트업' 방식이라고 한다. 원래 있던 용어인데 동명의 인기 도서 The Lean Startup으로 더욱 유명해졌다.

린 스타트업은 프로토타입을 재빨리 시장에 내놓고, 고객이 만족하는 방향으로 지속해서 프로토타입을 개량하는 방식이다. 어떤 제품 기능은 살리고, 어떤 기능은 초기에 없앤다. 한마디로 적자생존의 밀림에서 살아남은 제품 기능에 집중한다. 인터넷 스타트업은 하루에도 몇 번씩 개량된 제품을 내놓기도 한다.

린 스타트업 방식은 단순한 웹 서비스뿐만 아니라 어떤 기술이나 제품에도 적용할 수 있다.

2만 원에 나도 사장님(!)

예를 들어 전자책 출판사를 창업한다고 가정하자. 자기 집을 사무실로 삼고, 구청에 출판사 등록하고, 국세청에 개인사업자 등록을 하는 데 2만 원도 안 든다. 등록이 끝나면 원고를 받고 편집하고 교정·교열하고 전자책 형태로 제작한다. 편집은 취향에 따라 하고, 교정·교열은 워드 프로세서의 기능으로 대치하고, 표지는 파워포인트로 만들고, 전자책 제작은 자동 변환 프로그램을 쓴다. 물론 전문 인력을 안 썼기 때문에 책 품질은 나쁘다. 이게 프로토타입이다. 바로 출판하지 말고 주위에 뿌려라. 온갖 지적이 나온다. 반영하라. 그리고 다시 뿌려라. 반응이 좋아지면 투자를 받거나 선금 없이 수익 배분 조건으로 편집, 표지 디자인, **교정**·**교열** 프리랜서를 써서 완성도를 높여라. 마지막으로 온라인 서점에 전자책을 공급해서 인기 도서에 도전하라.

> **교정**(校正)
> 출판에서 교정쇄와 원고를 대조하여 오자·오식·배열·색 따위를 바르게 고침
> ⋮

Starting up is cheap – II

스스로 의지를 갖추고 저자를 발굴하여 출판 관계자를 찾아 설득할 수 있으면 이론상 돈 없이도 전자책을 만들 수 있다. 이건 웃자고 하는 얘기지만, 지금 읽고 계신 이 책의 출판사 '요구맹 미디어'의 실제 사례와 크게 다르지 않다.

창업은 누구에게나 열려있다. 큰 돈 없이도 가능하다.

§ § §

창업은 발명이 아니다

제8계명

그림 H – Courtesy of Tom Peck

Tweakers are winners

❝정말로 창업하고 싶지만, 세상을 바꿀만한 혁명적인 아이디어가 없어요. 어떻게 하죠?" 한국과 미국을 막론하고 예비 창업자가 가장 많이 하는 질문이다.

이미 《스타트업 바이블》 1편에 답이 있다. 잠시 책을 덮고 엎드릴 만한 공간을 찾아서 팔굽혀펴기 자세를 취해보자. 체력이 다할 때까지 몸을 들어 올리며 "창업은", 몸을 내리며, "발명이 아니다"고 복창하라.

물론 가장 눈부신 창업은 하늘을 놀라게 하고 땅을 뒤흔드는 새로운 아이디어로 세상을 바꿀 수 있는 기술이나 제품을 내놓는 혁신이다.

다만, 세상을 송두리째 바꾸는 아이디어는 백 년에 한두 번 나온다. 그렇지만 너도나도 창업을 한다. 나만 빼고 다 천재일까? 그건 아니다.

다시 진지하게 말한다. 창업은 발명이 아니다. 창업은 세상에 존재하지 않는 신제품을 발명하는 게 아니고 기존 제품을 더 **빠르고**, 더 **싸고**, 더 **편리하게** 변형하는 재주다. 이런 재주를 가진 창업자 사례를 살펴보자.

영국 최고의 재벌 버진 그룹의 리처드 브랜슨 회장은 예비 창업자에게 '짜증'만한 탐사도구가 없다고 조언한다.

> ❝자신을 짜증 나게 하는 뭔가를 떠올려보세요. '이걸 더 잘 만들 수 없을까?' 본인이 직접 개선할 방법을 생각해보세요. 작은 거라도 상관없어요. 개선할 방법이 보이면, 사업하면 됩니다."[1]

브랜슨 회장의 시작 또한 미약했다. 나이 16세에 당시 영국의 최대 유통 체인점에서 팔던 음반의 비싼 가격을 보고 "싸게 할 수 있을 텐데…."라는 생각을 했다. 그리고 음반 통신판매업을 시작했다. 그 결과 버진 그룹은 전 세계에 걸쳐 자회사 400개 이상을 거느리며 5만 명 이상의 직원을 고용하는 회사가 됐다.

아저씨, 카드 받아요?

트위터와 스퀘어의 공동 창업자인 잭 도시는 친구 짜증을 들어주다가 새로운 개념의 모바일 신용카드 결제 서비스 스퀘어를 창업했다. 계기는 이렇다.

> ❝아메리칸 익스프레스 카드 받아요?" 취미 삼아 유리세공을 하는 친구가 손님에게 작품 하나를 팔려는데 2천 달러를 손해 봤다고 투정했다. 손님 수중에 현금 2천 달러가 없었기 때문이다.[2]

> ❝카드 결제는 회사가 있어야 가능하지. 그렇다고 떡볶이 노점이나 포장마차는 카드 손님 다 돌려보내야 해?" 잭 도시의 생각은 아마 이렇지 않았을까?

[1] "Space: The Next Business Frontier." *The Wall Street Journal*, 2011

[2] "The Accidental Activist." *Vanity Fair*, 2011

창업은 발명이 아니다

물론 잭 도시가 한국 포장마차까지 생각하진 않았겠지만, 이 기회를 놓치지 않았다. 잭 도시는 휴대용 신용카드 단말기를 구상하다가 스마트폰만 있으면 누구나 카드 가맹점이 될 수 있는 스퀘어 서비스를 만들었다. 스퀘어는 2011년 6월 현재 평가가격이 10억 달러다.

아, 짜장, 그냥 짜자

드루 하우스턴은 어느 날 작업 내용을 저장한 USB 드라이브를 집에 놔두고 와서 4시간 동안 전혀 일하지 못했다. 화딱지가 난 하우스턴은 내 컴퓨터의 작업 파일을 원격 파일 서버와 자동으로 동기화해주는 프로그램을 만들기 시작했다.[3]

물론, 당시 시장에는 이미 유사 서비스가 있었지만 느리고, 버그 많고, 불편하고, 대용량 파일 지원이 약한 상황이었다.

한 개발자의 짜증으로 2007년 가을에 탄생한 드롭박스는 전 세계 5,000만 명 이상의 사용자가 있다(나도 드롭박스 덕택에 세계 언제 어디서나 콧노래 부르며 이 책을 썼다). 그리고 40억 달러의 평가가격으로 총 2억 5,700만 달러의 투자를 받았다.

솔직히 파일 공유 서비스 드롭박스의 개념이나 기술은 새롭지 않다. 그러나 기존 제품의 불편함과 단점을 분석해서 더 빠른, 더 저렴한, 더 나은 서비스를 만들어서 성공한 사례다.

---

[3] "Dropbox: The Inside Story Of Tech's Hottest Startup." *Forbes*, 2011

족닥(ZocDoc)의 창업자는 2007년, 고막이 터지는 사고를 당했다. 바로 이비인후과 의사를 찾았지만 찾고 예약하는 데 4일이 걸렸다. 담당 의료보험사 웹 사이트에서 알려준 전문의 리스트는 오류가 너무 많았고 예약 가능한 의사를 찾아 전화를 걸고 또 거는 여정은 울화통 터지는 일이었다.

> "아니, 의사 하나 찾아서 예약하기가 이렇게 복잡해?" 고막 터진 환자는 창업자가 됐다.[4]

인터넷 진료 예약 서비스 족닥은 지금까지 실리콘 밸리 최고의 창업투자회사를 포함해서 9,500만 달러의 투자를 유치했다. 현재, 족닥 사이트에서 매달 120만 명이 넘는 환자가 진료예약 검색을 한다. 족닥의 아이디어나 기술은 별거 없다. 다만, 기존 프로세스의 불편함과 단점을 잘 파악해 향상했을 뿐이다.

4
"ZocDoc's Massoumi: A Bad Flight & Terrible Customer Service Created ZocDoc." *TechCrunch*, 2012

에디터 스티브 잡스

마지막으로 필자의 생각으로는 우리 시대 최고의 선지자로 기억될 애플의 창업자 고(故) 스티브 잡스의 사례를 보자. 잡스와 애플은 세상을 여러 번 바꿨지만, 그때마다 완전히 새로운 기술을 발명하지는 않았다. 아니, 오히려 그 반대가 맞겠다. 잡스는 완전히 새로운 아이디어로 제품을 만든 적이 없다. 잡스는 기존의 기술을 인간의 감성을 자극하는 제품으로 '편집'하는 데 있어서 독보적이었을 뿐이다. 실제로 잡스는 마이크로소프트가 10년 이상 투자했지만 실패한, 태블릿 개념을 아이패드로 상업화할 정도로 편집의 달인이었다.

Tweakers are winners

> **❝**최고의 편집자는 거칠고, 냉혹하고, 언어를 기가 막히게 다루는 재주가 있으며, 나중에 보면 항상 옳습니다. 잡스는 최고의 편집자처럼 기술을 편집했고 더 낫게 만들었습니다. 잡스는 거의 언제나 옳은 결정을 내렸습니다."[5]

1980년대 중반부터 개인용 컴퓨터 기사를 써온 미국 《휴스턴 크로니클》 기자 드와이트 실버맨은 스티브 잡스가 '괴팍한 신문 편집자' 같다고 말했다.

《아웃라이어 (Outliers)》로 유명한 인기 도서 작가 맬컴 글래드웰도 《뉴요커》를 통해 스티브 잡스의 핵심역량은 발명이 아니라 편집이라고 썼다.[6]

> **❝**잡스는 앞에 놓인 물건을 피도 눈물도 없이 개량하는 재능이 있습니다." 글래드웰은 편집이 발명만큼 어렵다고 강조한다.

창업이 항상 발명일 필요는 없다. 이미 존재하는 기술과 제품의 단점을 잘 파악해서 그 시대와 소비자의 취향에 맞도록 '편집'을 하는 것이 오히려 효율적이다. 세상을 바꿀 수 있는 기발한 아이디어가 없어서 창업을 못한다는 건 핑계다.

§ § §

---

[5] "A simple lesson learned from Steve Jobs." 2011

[6] "The Tweaker: The real genius of Steve Jobs." *The New Yorker*, 2011

남 탓 말고 '나'를 보라

제9계명

" 팀원들이 내 비전을 잘 이해
하지 못해서 사람 구하기 참
어렵네요."

내가 좋아하고 믿는 사람이 소개한 예비 창업자가 있다. 편의상 홍길동이라고 하자. 국내 대형 포털에 다녀서 기본기는 훌륭했고, 몇 번 만나보니 사람도 반듯하고 착해 보였다. 홍길동이 구현하려는 아이디어와 공략할 시장 또한 좋았다. 문제는 개발자 출신이 아니라는 점이었다. 제품을 만들려면 개발자와 디자이너 영입이 필요했다. 홍길동은 네트워킹 행사와 소개를 통해서 몇 주 동안 다양한 개발자와 디자이너를 만난 후 자신의 비전을 구현해 줄 수 있는 개발자를 여럿 구했다. 팀이 어느 정도 완성됐을 무렵 나도 모든 팀원을 만나 인사했는데 소위 말하는 '슈퍼 팀'이었다.

벤처는 안 뜨고, 사람이 뜨네

우리가 잘 아는 서비스들의 핵심으로 일했던 첫 번째 개발자는 바로 다음 주에 당장 다니던 직장을 관두고 벤처에 합류하는 열정을 보였다. 몇 달 후면 좋은 프로토타입이 개발될 테고, 뜨거운 반응은 시간문제라고 생각했다. 그런데 2주 후, 개발자 모두 불참하기로 했다고 홍길동이 연락했다. 한 명은 갑자기 전세금을 올려줘야 해서 월급이 꾸준히 나오는 전 직장이 당분간은 필요하고, 아직 미혼인 다른 한 명은 시골에 계신 부모님께서 반대하는 데 장남이라 뜻을 거스르지 못해서라고 했다. 다시 2주 후, 내가 어렵게 소개해준 능력 있는 디자이

Always blame yourself

너도 창업자와 '비전'이 달라서 나갔다고 한다. 뭐, 일하다 보면 사람 오가는 건 항상 있으니 그러려니 했다. 홍길동은 다시 개발자를 뽑아서 일을 진행했다.

홍길동이 기가 막혀

그런데 2달 후에 똑같은 상황이 벌어졌다. 깜짝 놀랐다. 밤새서 일하겠다고 다짐했던 개발자가 알고 보니 선천적으로 체력이 약해서 업무 진행 속도가 느렸고, 또 다른 사람은 채용 당시에는 몰랐던 도덕적인 문제로 홍길동이 직접 해고했다고 한다.

한 번은 우연이라고 해도 두 번은? 나는 의아해서 퇴직한 4명의 개발자 중 2명을 만나서 속내를 들었다. 생계를 포함해서 갖가지 이유가 있었지만, 핵심은 결국 홍길동에 대한 신뢰 부족이었다. 같이 며칠 일을 하면서, 홍길동은 사람 관리와 일을 진행하는 면에서 믿을만한 지도자라는 확신을 못 줬다. 그러나 막상 홍길동에게 이런 뒷얘기를 해주면 홍길동은 팀원들이 내 비전을 잘 이해하지 못했다며 항상 남을 탓했다. 나는 비슷한 상황을 겪는 창업자를 이후에도 수차례 봤다. 아이디어는 좋은데, 막상 구현하려고 팀을 짜면 2-3개월 못 가서 자진 해산된다. 창업자는 항상 팀을 탓하지만, 화근은 남이 아닌 창업자 자신이었다.

창업 초기에 팀원이 우수수 떠나면 바로 창업자가 문제다. 몇 년 지나고 퇴사한다면 이해하겠다. 제품에 대한 확신 부족, 전략의 문제, 다른 직원과의 불화는 어느 회사라도 생기기 마련이기 때문이다.

CC BY,
allvectors.com

그래도 창업 초기에는 이런 문제가 나올 수 없다. 일단 제품이 없어서 제품에 대한 확신을 논할 단계가 아니다. 전략 또한 맘에 들고 안 들고 할 수준이 아니다.

다른 직원도 다 창업 동지다. 모두 다 좋은 조건으로 소위 '잘 나가는 회사'를 문제없이 다니던 우수 인력이었고, 창업자의 인격과 창업자의 비전을 믿고 벤처에 몸을 던진, 모험심 넘치는 사람들이다. 모험가가 월급이 적다고, 회사의 제품이나 전략이 가망 없다고 한 달도 못 돼 벤처를 그만두진 않는다.

이미 모든 위험을 계산하고 덤볐는데 이력서에 오명이 생기는 선택을 한 달 만에 할까? 답은 하나다. 더는 창업자를 믿지도 않고 따르고 싶지도 않아서다.

매우 쳐라, 깨쳐라

직원이 줄줄이 떠나면 창업자의 반응은 둘 중 하나다:

- **본인이 문제라고 잘 안다.** 다만 자존심 때문에 절대로 인정 않고 무조건 팀원을 탓한다.

- **본인이 문제란 걸 아예 모른다.** 난 완벽한데 남들이 나를 이해하지 못한다고 확신한다. 팀원이 계속 회사를 떠나도 자신을 이해하지 못하는 세상을 탓한다.

분석 심리학자 카를 융은 "자기 성찰이 가능할 때만 비전이 명확해진다. 바깥을 보는 자는 꿈 꾸고, 내면을 보는 자는 깨친다" 말했다.

남 탓 말고 '나'를 보라

본인이 문제란 걸 알면 고치면 된다. 또는 나와 동급의 공동 창업자를 영입해서 나를 보완하면 된다. 다만, 자신이 문제란 걸 전혀 인식하지 못하면 가망 없다. 절대로 제대로 된 팀을 꾸려서 사업을 진행하지 못한다.

내 주위를 보면 창업한 지 꽤 됐지만, 아직도 제품이 없는 벤처가 더러 있다. 창업자에게 결함이 있는 경우다.

§ § §

개발자와 동업하라

제10계명

그림 I - 퍼블릭 도메인, Herbert James Draper

Never start without a technical co-founder

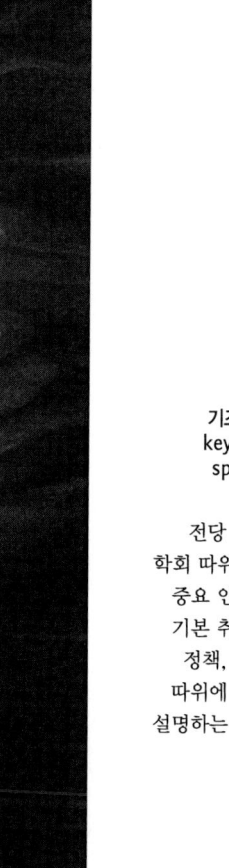

기조연설
keynote
speech
국회·
전당 대회·
학회 따위에서
중요 인물이
기본 취지나
정책, 방향
따위에 대해
설명하는 연설

올해 한국에서 개최한 스타트업 컨퍼런스 beLAUNCH 2012 행사를 도왔다. 나야 미국에 사니까 직접 서울에서 뛰진 못했고, 실리콘 밸리의 유명한 스타트업 인사를 초청하는 섭외 작업을 했다. **기조연설**자로 '스타트업 대부' 폴 그레이엄이 바로 떠올라 연락했다.

폴 그레이엄은 일반적인 사업가가 아니었다.

❝미안하지만 저는 개발자나 해커 관련 컨퍼런스만 참석합니다.❞

단호한 'NO'였다. 참고로 폴 그레이엄은 개발자 출신이다. 1995년에 바이어웹이란 온라인 상점 구축 서비스로 창업해서 1998년 약 500억 원에 야후!에 매각했다.

폴 그레이엄이 투자하는 모든 스타트업은 개발자 출신의 공동 창업자가 있던지, 창업 구성원 모두가 개발자 출신이다. Y 콤비네이터가 소액 투자해서 최근에 가장 주목받는 서비스가 에어비앤비와 드롭박스인데, 두 스타트업 모두 개발자가 창업팀의 주를 이루고 있다.

81

난 얼마 전에 시작한 소액 창업투자회사 스트롱 벤처스 웹 사이트에 '창업팀에 개발자가 없는 기술 벤처기업이라면 정중히 거절합니다. 스트롱 벤처스는 직접 제품을 만들 수 있는 팀만을 지원합니다.'라고 써놨다.

언젠가 경영학과 졸업생이 (본인 생각에) 기발한 아이디어를 들고 찾아왔다. 편의상 경영 씨라고 하자.

경영 씨는 프로그래밍 능력이 없었고 개발을 맡길 공동 창업자도 없었다. 투자받으면 사람 구해서 개발하면 된다고 쉽게 말했다. 우리는 투자할 수 없다고 단호히 말했다. 가장 큰 이유로 바로 창업팀에 개발자가 없다는 점을 지적했다.

하늘을 난 자(者)는 라이트 형제

왜 아이디어에 투자하지 않았을까? 예비 창업자 경영 씨가 들고 온 아이디어는 기발할지도 모른다. 다만, 직접 사용할 수 있는 형체를 가진 제품이나 서비스로 승화되지 않으면 아이디어 자체는 아무런 가치가 없는 허상이다. 옛날 그리스 신화에서 목표에 다가갈수록 녹아내리는 **이카로스**의 날개와 같은 것이다.

이카로스의 '하늘을 날자'는 아이디어는 현재 세계 항공업 시장규모를 생각하면 까무러칠 아이디어다. 그렇다면 다음 질문을 던지겠다. 여러분이라면 이카로스에게 투자하겠는가? 아니면 자전거 수리점을 운영하고 자전거를 직접 제조하여, 비행기 제작에 필요한 기본 기술을 축적한 라이트 형제에게 투자하겠는가?

이카로스
Icarus
그리스 신화 등장 인물. 아버지가 만든 날개를 달고 크레타 섬을 탈출할 때 떨어져 죽었다

개발자와 동업하라

인터넷 기반의 벤처와 비교하면, 아이디어를 비행기로 만드는 건 바로 개발자의 프로그래밍 기술이다. 제품을 만들 기술자가 없는 팀이 어떻게 창업을 하나?

단순한 아이디어에 투자하는 투자자는 이제 씨가 말랐다. 뭔가 작동하는 프로토타입이 있어야 씨가 먹히고, 씨가 먹혀야 돈이 들어오는데, 돈이 들어오면 프로토타입을 만든다고?

개발자가 진짜 밥상을 만든다

사실 경영 씨가 창업 후 개발자를 공동 창업자가 아닌 일반 직원으로 채용하는 방법도 있다. 그런데 2가지 측면에서 이는 비현실적이다.

첫째로, 개발 경력이 전혀 없는 창업자가 유능한 개발자를 직원으로 채용해서 일하긴 어렵다. 왜냐면 본인이 **소프트웨어 개발 프로세스**나 개발자 사고방식을 모르니 의사소통이 어려워서다. 개발자들과의 의사소통할 수 있고 인맥이 있다면, 공동 창업자로 개발자를 영입하긴 수월한 편이다. 그런데 그렇지 않기 때문에 개발자 없이 혼자 창업을 하려고 하는 경우가 많다. 나는 이런 사례를 자주 봤는데, 대개 이런 창업자는 개발자를 찾지 못하고 시작하는 데만 수개월 또는 수년이 걸린다.

둘째로, 개발자를 동급이 아니라 직원으로 관리하겠다는 사고방식은 문제다. '나는 엔지니어링의 중요성을 몰라요'라는 선언이다.

> 소프트웨어 개발 프로세스
> software development process
> 소프트웨어 제품을 개발하기 위해 필요한 과정 또는 구조

인터넷 벤처라면 좋은 제품이 핵심이고, 좋은 제품을 만들려면 뛰어난 개발자가 필수다. 그런데 이렇게 중요한 개발자를 왜 공동 창업자로 인정하지 않으려고 할까? 나도 이런 창업자를 여러 명 만났다. 좋은 개발자를 힘들게 찾은 경영학과 출신의 창업자한테 그 개발자를 공동 창업자로 대우하라고 하면 화를 낸다.

66 원래 내 아이디어였고, 내가 힘들게 지금까지 끌고 왔는데 잘 차린 밥상에 숟가락 하나 없는 건 안됩니다."

개발자가 창업팀 일부가 아니면 책임의식이 없으니까 벤처가 조금만 어려워져도 회사를 떠난다. 당장 제품 개발이 멈춘다. 열린 마음이 필요하다.

하청 일, 맡기남?

개발은 외주 업체를 통하면 된다는 생각을 하는 예비 창업자도 있다. 절대 금기다. 제품 개발 **외주**는 영업으로 먹고사는 원청회사나 하는 일이다.

《미슐랭 가이드》에서 별점 만점을 받는 음식점은 절대 공장 소스를 쓰지 않는다. 하물며 기술 기반의 인터넷 벤처가 자신의 혼과 생명인 제품 개발을 어떻게 외부인에게 맡기나?

외주 업체는 제품을 개발해서 전달하면 임무 끝이다. 그리고 돈 받은 만큼만 일한다. 세상을 바꾸겠다는 투지로 불타는 창업팀의 마음과 같을까?

> 외주(外注)
> 자기 회사에서 만들 수 없는 제품이나 부품 따위를 다른 회사에 맡겨 만들게 함

Never start without a technical co-founder

또한, 외주 업체를 통한 제품 개발은 치명적인 버그가 있거나 제품 업그레이드가 필요할 때, 외주 업체의 일정에 맞춰서만 작업할 수 있다는 치명적인 단점이 있다. 만약, 새 외주 업체를 찾아야 한다면 돈이 배로 든다.

미싱공 2.0

"아, 개발자요? 그냥 기획자가 시키는 대로 하는 사람이에요."

실제로 어떤 중소기업의 기획자가 한 말이다. 소프트웨어 개발을 하찮게 보는 관점은 어쩌면 사회적인 문제다.

이미 우리나라 대학교에는 수년 동안 공대 지망생이 줄고 있고, 공대 학생마저 요새는 고시나 회계사 시험을 공부한다. 공대생이 개발자로 취직해도 대기업이든 벤처 기업이든 기계적으로 밤새서 하는 비숙련 노동자 취급을 받는다. 심지어 '미싱공'이라는 자조적인 은어까지 등장했다. '미싱공'은 내가 만든 용어가 아니다. 인터넷에 20년 먹은, 어떤 '아저씨' 커뮤니티가 있는데, 여기 익명 게시판에 가면 자주 본다. '미싱공' 아빠와 엄마는 '월화수목금금금'에 탄식한다.

슬프다. 미국의 **기획자**는 대부분 개발자 출신이다. 그래서 개발을 중요시한다. 언젠가 내가 유튜브와 트위터를 방문했을 때 매니저가 하나같이 입을 모아 "회사 최고 자산은 엔지니어죠"라고 했던 말이 아직도 생생하다.

> **기획자**
> 미국에는 기획자를 칭하는 마땅한 용어가 없고 가장 근접한 번역은 아마도 product manager 다.
> ⋮

뭬, 다 해서 얼마면 돼?

페이스북은 제품보다는 우수한 개발 인력을 통째로 채용하려고 회사를 인수한다.[1] 2012년 7월 현재 26개의 작은 스타트업을 인수했다.

페이스북의 도매금 인력 인수는 'acqhire'라는 신조어를 탄생시켰다. 인수를 의미하는 acquire와 채용을 의미하는 hire의 합성어다. 회사 자산 중에 사람이 제일 탐나서 회사를 인수하는 걸 의미한다. 물론 저커버그도 개발자 출신이다.

NHN이 2006년 인수한 검색 서비스 첫눈도 'acqhire'라는 분석이 있다. 현재는 엔젤 투자자로 변모한 장병규 대표가 첫눈 사장이었는 데 같은 KAIST 전산학과 동기·선배·후배로 엔지니어 인재가 넘쳐났다. 또한, 학사·석사·박사 골고루 있었다. 구글도 탐을 냈다고 한다.[2]

멋진 서비스는 그냥 나오지 않는다. 반드시 창업팀에는 개발자를 영입하고, 개발자를 신줏단지처럼 아껴라. 타임머신을 타고 20년 전으로 돌아갈 수만 있다면 나는 컴퓨터 공학을 전공하고 프로그래밍을 배우고 싶다.

§ § §

---

[1] "Mark Zuckerberg: 'We Buy Companies To Get Excellent People'." *The Huffington Post*, 2010

[2] 〈장병규 첫눈 사장의 결단〉, 《아이뉴스24》, 2006

명품에는 명품

제11계명

제11계명

디자이너가 필요하다

유튜브의 공동 창업자 채드 헐리, 그루폰의 공동 창업자 앤드루 메이슨, 그리고 스티브 잡스의 공통점은 뭘까?

바로 기술이나 기능은 디자인에 종속된 문제라고 생각하는 디자인 '**근본주의**'다. 특히 헐리와 메이슨은 디자이너 출신이다. 헐리는 페이팔에서 회사 로고를 디자인했고, 메이슨은 시카고에서 웹 디자인을 했다.

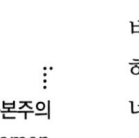

근본주의
fundamentalism
종교의 교리에 충실하려는 운동. 경전의 내용에 대한 문자 그대로의 절대적 준수를 지향

유튜브와 그루폰 사이트를 방문해보면 단순한 느낌이 들면서도 유용하다. 요란한 화장 없이 단정하고, 소비자의 눈높이에 맞추어 기능을 배열한 이런 디자인은 하루아침에 탄생하지 않는다. 물론 소비자 가전제품의 역사를 다시 쓰고 있는 애플의 제품 디자인은 두말할 필요도 없다. 오죽했으면 최근에 내가 만난 실리콘 밸리의 투자자들은 "일단 디자인이 좋으면 무조건 투자하겠다"고 할까?

웹 서비스의—특히 일반인 대상—생명은 사용자 인터페이스(UI)와 사용자 경험(UX)이다. 즉, 인간은 새 서비스를 볼 때 첫 느낌이 좋아야 서비스를 계속 사용하고 싶어한다. 아니면 바로 사이트를 떠난다. 아무리 기능이 좋고 유용해도 '나쁜 디자인' 안에 갇혀 있으면 사용자의 눈길도 못 받는다. 보기 좋은 떡을 만들자.

소개팅에서는 일단 상대 외모가 좋아야 호감이 간다. 첫인상이 나쁘면, 사람을 더 알고 싶은 흥미가 없어서 빨리 자리를 벗어나려고 꾀를 쓴다. 웹 서비스에서도 첫인상이 나쁘면 바로 웹 브라우저 탭을 닫아버린다. 디자인 무척 중요하다. 그러나 내가 아는 벤처는 대개 창업 단계에 디자이너를 들이지 않았다. 심지어 디자이너를 아예 안 쓰는 회사도 많다. 미국 뮤직쉐이크 또한 디자인이 필요하면 외주를 썼다. 그래서 우리가 원하는 디자인이 나오지 않았을지도 모른다.

디자이너가 없는 창업팀은 시작은 해도 오래가기가 어렵다. 왜 창업팀에는 디자이너가 있어야 할까? 오랫동안 스타트업을 대상으로 디자인을 컨설팅한 디자이너 펀드의 엔리께 알랜(Enrique Allen)은 이렇게 말한다:[1]

- 시장 경쟁이 심화하면서, 브랜드와 사용자 경험이 성공을 이끄는 필수 조건이 됐다. 제품의 기술은 둘째다.

- 혁신의 핵심은 전면적인 협업이다. 디자인·기술·비즈니스 지식의 전면적인 융합은 제품의 수정과 반복을 더 빠르게 하고 제품을 더 정교하게 만든다.

- 디자이너 출신 창업자는 단순히 시각적 능력뿐 아니라, 인간의 욕구와 겉으로 표출되지 않은 기회를 발견하는 독보적인 능력이 있다.

물론 외주 디자이너를 쓰면 비용 면에서 유리하다. 다만 브랜드 정체성을 유지하기 어렵다. 한 광고 전문가는 브랜드 만들기는 외주를 줄 수 없다고 한다. 자존심이 있다면 남이 자신을 규정하게 용납 못 해서다.

---

[1] "Silicon Valley's New Secret Weapon: Designers Who Found Startups." *Fast Company*, 2012

Never start without a design co-founder

그래서 창업팀에 디자이너가 있어야 한다. 그리고 디자인을 제품 개발 문화의 일부로 만들어야 한다. 당장 핀터레스트, 에어비앤비, *Path* 사이트를 살펴보라. 이런 디자인은 절대 디자인 문화 없이는 나올 수 없다.

한국에도 디자인 근본주의자가 있다. '쿨'한 신용카드 디자인으로 유명한 현대카드 정태영 대표다.[2]

> "현대카드가 좋은 디자인을 해왔다기보다는, 디자인이 기업 내부에 깊숙이 들어가 전략과 함께 움직이고 중요한 역할을 할 수 있다는 것을 알려주는 사례가 됐으면 좋겠어요."

정태영 대표의 작품인 현대카드의 카드 디자인은 디자인 전문지 《월간 디자인》이 2011년 창간 35주년을 기념해 선정한 '한국의 굿 디자인' 1위에 뽑혔다.[3]

그렇지만 한국에서는 디자인이 대접을 못 받는다. 많은 CEO가 애플을 벤치마킹하면서 "우리 회사의 핵심은 디자인입니다"라고 말은 해도, 막상 행동은 반대로 한다. 디자인 인력을 줄이고, 디자이너를 막 부린다. 디자이너는 많이 생각하고, 많이 그려보고, 많이 실험하는 게 생명인데 "내일 아침까지 만들어"라고 명령한다.

스티브 잡스는 많은 시사점을 남기고 세상을 떠났다. 디자인을 정통으로 공부하지는 않았지만, 디자인뿐만 아니라 **사용자 경험**까지 누구보다도 잘 이해했던 감수성이 예민한 창업자였다. 스티브 잡스처럼 기술이 인간과 친구가 되려면 어떤 형태를 갖추고 어떤 사용자 경험을 제공해야 하는지 이해하는 창업자야말로 기술의 세계

---

[2] 〈정태영 현대카드 대표〉, 《월간 디자인》, 2012

[3] 〈한국의 디자인 프로젝트 베스트 5〉, 《월간 디자인》, 2012

사용자 경험
UX
사용자가 어떤 시스템·제품·서비스를 직·간접적으로 이용하면서 느끼고 생각하게 되는 총체적 경험

와 사람의 세계 중심에서 두 세계를 적절하게 혼합할 수 있는 마법사다.

자동차 운전대를 디자인하는 디자이너와 자동차 전체와 자동차를 운전하는 사용자 경험을 디자인하는 디자이너는 전공이 판이하다. 오래가는 벤처를 하려면 둘 다 할 수 있는 디자이너가 창업팀에 필요하다.

§ § §

벤처는 인재를

제12계명

> "사장은 스타트업 초기에 업무 시간의 50% 이상을 좋은 사람을 채용하는 데 써야 합니다."[1]

내가 가장 존경하는 실리콘 밸리 VC인 비노드 코슬라가 남긴 의미심장한 말이다.

이후 나는 비노드 코슬라와 직접 말할 기회가 생겨서 이것저것 물어봤다. 코슬라는 한 발 더 나가 사장은 나머지 시간을, 채용한 인력이 계속 회사에 남게 하는 데 써야 한다고 조언했다. 사장이 직접 챙기면 능력 있고 가치관이 비슷한 사람을 찾기 쉽고, 부수 효과로 이렇게 뽑은 직원은 이직률이 훨씬 낮다는 이론이다.

벤처든 대기업이든 똑똑한 인재를 뽑고 유지하기는 어렵다. 그래서 모든 회사의 지상과제다. 그렇지만 대기업은 회사 규모가 커지면 소수 인력이 회사 전체를 먹여 살리는 구조가 성립되기 때문에, 몇몇 직원이 놀아도 회사 전체의 매출이나 수익성에는 큰 타격이 없다. 벤처는 전혀 다르다. 직원 하나하나가 벤처의 사활을 결정한다. 한 명이라도 업무 목표를 달성하지 못하면 회사의 매출과 수익성에 직접적인 타격을 준다. 주어진 일을 끝까지 처리하는 사람이 필수다. 그래서 대기업보다는 벤처의 인재 채용이 중요하다.

그러면 벤처의 인재는 어떻게 뽑나? 매우 어려운 질문이다. 나는 벤처를 운영하면서 사람을 뽑아도 봤고, 벤처에 뽑혀도 봤다. 임원 입장과 직원 입장을 다 겪고 배운 점은 이력서로 사람을 뽑지 말라는 것이다.

---

[1] "Vinod Khosla: New CEOs Should Spend More Than 50% Of Their Time Recruiting." *TechCrunch*, 2010

자양분으로 삼아 성장한다

나도 이력서를 많이 써봤다. 강렬한 이력서로 원하는 직장에 들어가려고 밤새 이력서 단어를 고치고 문단 순서를 바꿨다. 이력서만 전문적으로 검토하는 컨설턴트의 도움까지 받았다. 그러나 이렇게 공을 들이고 상품화 과정을 거친 이력서를 담당자가 읽고 나를 얼마나 이해할 수 있을까?

이력서는 업무 능력을 가늠하는 과거 지표지, 실제 내 회사가 찾는 업무 능력이 아니다. 그래서 요즘 실리콘밸리의 스타트업은 아예 이력서를 찾지 않기도 한다.

게이밍 미디어 회사인 IGN은 이력서 대신 지원자의 사고방식과 사고 체계를 잘 표현할 수 있는 퀴즈와 과제를 웹 사이트에 공개했다.

예를 들어 "연필을 길게 나열해 금문교 처음부터 끝까지 이으려면 몇 개가 필요할까?"와 비슷한 질문이다. 또한, IGN은 지원자에게 유튜브에 동영상을 제출하게 했다. 얼마나 IGN의 게임을 좋아하는지 보여 달란다.[2]

벤처뿐 아니라, 벤처에 투자하는 벤처캐피털도 이런 채용 방법을 선호한다. 뉴욕의 유수 **벤처캐피털**인 유니온 스퀘어 벤처스가 요즘 내는 채용 공고를 보면 이력서는 받지 않고 대신 지원자의 트위터 계정·페이스북 계정·블로그 같은 웹 주소를 알려 달라고 한다. 그리고 왜 본인이 이 회사와 업무에 적임자인지를 설명하는 동영상도 제출하란다.

---

[2]
"No More Résumés, Say Some Firms."
The Wall Street Journal, 2012

⋮

⋮

벤처캐피털
VC
venture capital
잠재성과 위험도가 매우 높은 초창기의 벤처 기업에 투자하는 금융·자본 회사

> ❝지원자가 어떤 학교와 회사에 다녔는진 관심 없어요. 우리는 이 사람이 어떤 사람이며, 같이 손발을 맞춰 일할 수 있는 사람인지, 그리고 어떤 생각을 하는지에 더 관심이 많습니다."

유니온 스퀘어 벤처스의 한 심사역은 이력서를 배제하고 이런 전통적이지 않은 방법을 사용했더니 지원자를 훨씬 더 잘, 더 깊게 알 수 있어서 유익했다고 한다.

나는 위와 같이 극단적으로 이력서를 안 보지는 않는다. 지원자에게 항상 이력서를 제출하라고 하지만, 자세하게 보지는 않는다. 그냥 학력·배경을 참고할 뿐이다. 그러나 절대로 이력서에 눈이 멀진 않는다.

벤처 기업에 필요한 인재는 일을 주면 끝을 보는 사람이다. 1편에서도 말했지만, 벤처 영업사원은 계약을 성사시키려고 모든 (합법적인) 수단과 방법을 시도해야 하고, 벤처 개발자라면 코드 한 줄 한 줄이 완벽하게 돌아가기 전까지는 잠을 자지 말아야 하며, 벤처 홍보 담당자라면 밤 11시에 유력 일간지 기자에게 서슴없이 전화할 수 있어야 한다.

한번 시작했으면 결과가 좋든 나쁘든 반드시 마무리를 지어야 한다. 이력서에서 이 '끝'을 파악할 수는 없다.

그래서 나는 사람을 뽑기 전에 간단한 프로젝트를 던진다. 개발자를 면접하면 간단한 프로그래밍 과제를 주고 바로 시킨다. 물론 긴장해서 실력 발휘를 못 하는 분도 있었지만, 코드가 실력을 말한다.

Your team is your startup

> 마케팅
> marketing
> 어떤 잠재적인 욕구를 자극하여 표면상으로 이끌어 내는 행위나 동기

영업이나 **마케팅** 인력을 면접하면 주로 골치 아픈 실전 과제를 준다. 나도 지금 실마리를 잡지 못하는 상황을 어떻게 풀어가는지 눈여겨본다.

가령, 특정 기업과 제휴를 맺어야 하는데 제휴 담당자와 연락도 안 되면 어떻게 하나? 또한, 우리가 제안하는 내용이 상대 기업의 입장에서 관심을 둘만 한지 직접 알아보라고 한다.

프로그래밍보다는 이런 비즈니스 문제가 더 어렵다. 프로그래밍은 어느 정도 답이 있지만, 영업과 마케팅에는 정답이 없어서다. 그래서 정답보다는 지원자가 주어진 사항에서 어떤 사고를 하고, 어떤 시도를 해서 난관을 극복하는지가 훨씬 중요하다.

나와 같아서는 안 된다. 세상은, 시장은, 고객층은 나와 다른 사람으로 가득하다. 나와 지원자의 사고방식, 일하는 방식이 달라야, 고객층을 여러모로 볼 수 있고 나와 일하며 시너지를 일으킬 수 있다.

벤처의 기본 공식은 '벤처 = 사람'이다. 나도 10년 넘게 벤처에서 잔뼈가 굵었는데 아직도 사람과 팀이 벤처 전부라는 진리를 매일 실감한다. 안타깝게도(!) 나와 급이 다르지만, 마크 저커버그도 시간의 반을 인재 구성에 쓴다고 말했다.

❝지금 뽑아서 만드는 팀이 당신의 벤처 자체"다. 실리콘 밸리 VC인 비노드 코슬라 말씀.

§ § §

VC는 NO라고

제13계명

창업자라면 벤처 캐피털(VC) 문턱이 얼마나 높은지 안다. 2007년 미국 벤처캐피털협회 발표를 보면 VC들이 검토하는 100개의 스타트업 중에 10개가 집중 검토 대상이 되며, 그 중 1개만이 투자 유치를 받는다. 창업자로선 투자받을 확률 1%다.[1]

투자받긴 하늘의 별 따기처럼 어렵다. 나도 뮤직쉐이크를 운영하면서 투자 유치를 여러 번 시도해봤고, 조언을 맡은 다른 벤처의 투자 유치를 많이 도와봤다. 실패는 성공의 어머니라지만 왜 이리 어머니가 많은지 모르겠다. 가끔 성공했다.

많은 창업자는 대부분 VC와의 미팅 후 기대에 부푼다. 투자 가능성이 1%라는데 말이다.

❝귀사의 아이디어는 정말 흥미롭고 가능성이 많아 보입니다. 그런데 우리 회사에서 투자하기에는 약간 이른 감이 있네요. 조금 더 시장에서 반응이 생기면 그때 다시 한번 꼭 얘기해보고 싶습니다. 그동안 계속 비즈니스 진행 사항을 업데이트해주세요."

이건 "저희가 곧 투자하겠습니다"가 아니다. 영양가 없고 뜨뜻미지근한 반응이다. 까칠한 VC라면 같은 말을 "별로 신통치 않은 비즈니스네요. 안녕히"라고 한다.

VC가 당장 투자하지 않는 이유는 한마디로 제품이 별로라서다. VC는 시장의 크기·창업투자 회사의 성격·경기·지리적 문제 등 부수적인 부분을 둘러대지만, 결정적인 이유는 제품이다.

---

[1] "The Truth About Venture Capital." *Bloomberg Businessweek*, 2008

말하지 않는다

VC는 기본적으로 돈을 굴리는 자본가다. 하지만 일반적인 자본가에서 한 발 더 나가, 큰 위험을 감수한 투자를 하고 큰 수익을 챙기는 모험적인 투자자다.

이런 투자자가 아무리 불경기고, 미국이 아닌 외국에 있는 회사라고 기막힌 제품에 투자를 안 할까? 페이스북의 '좋아요'가 웹을 점령할 줄 알았으면 천하의 수전노 VC도 지갑을 열었을 것이다.

왜 VC는 핑계가 많을까? 예의를 차리느라고? 아니다. VC는 절대로 창업자에게 직설적으로 'NO'라고 하지 않고, 해서도 안 된다.

방금 만난 이 '오덕후' 청년이 지금은 볼품없지만, 제2의 마크 저커버그가 혹시라도 되면 큰일이다. 우리한테 앙심을 품고 있으면 안 된다. 투자자는 창업자와의 끈을 놓지말고 유지해야 한다. 그래서 VC는 당장 투자 안 해도 보험 차원에서 '어장관리'를 한다.

어장관리
(漁場管理)
실제로 사귀지는 않지만 마치 사귈 것처럼 친한척하면서 자신의 주변 이성들을 동시에 관리하는 태도·행태를 의미하는 신종 연애용어
...

VC가 팅길 때 쓰는 멘트

VC는 (제품이 좋지 않아서) '이런 제품에는 투자 못 하겠어요. 다음에 오세요'라는 거절을 이렇게 말한다:

❝창업팀은 정말 맘에 들지만, 아직은 저희가 투자하기에는 이른 단계인 거 같습니다.❞

❝매우 큰 잠재력이 있지만, 불경기라 저희 회사는 현재 대부분의 투자를 중단한 상황입니다.❞

> "저희는 주로 벤처가 조금 더 성장하고, 매출이 어느 정도 발생하는 단계에서 투자합니다."

> "상당히 흥미롭지만, 우리 회사는 외국 회사에는 투자하지 않습니다."

> "우리도 현재 펀드가 거의 소진돼서, 다음 펀드를 완료하고 다시 고려하겠습니다."

> "투자는 하고 싶지만, 지금 저희가 관리하는 벤처가 워낙 많아서…."

> "이 제품이 정말로 시장에서 팔릴 거라는 충분한 데이터가 생기면 그때 다시 한번 고려하겠습니다."

> "당신의 팀과 제품은 정말 좋은데, 우리가 주로 투자하는 분야인 IT 서비스가 아니라서 어렵겠습니다."

VC한테 이런 변명을 들으면 거절한 것이니 시간 낭비 말자. 괜한 기대를 하고, 계속 자료를 만들고, 계속 전화하고 찾아다니지 말자. 그 시간에 제품을 개선하자.

나도 내 제품이 나쁜 걸 모르고 VC의 줄듯 말 듯한 표현에 여러 번 혹(惑)했다. 불경기 핑계를 대는 VC가 경기가 나아지면 정말 투자하리라 믿었다. 그래서 비즈니스 진행 사항이 있으면 알려달라던 VC에게 연락했다. 하지만 VC는 답변이 늦거나, 결국 연락이 끊겼다. 우리 비즈니스에 아예 관심이 없었다고 봐야 한다.

VCs never say "No"

《스타트업 바이블》 1편의 내용과는 상반된다고 볼 수도 있다. 나는 투자유치는 연애라서 계속 밀고 당기기를 해야지, 한 번 거절했다고 완전히 흥미를 잃었다고 판단하지 말라고 했다. 그리고 이번에 투자하지 않더라도 상황이 좋아지면 재검토 여지는 있다고 했다. 이는 아직도 유효하다. 단, '상황이 좋아지면'을 살펴보자.

'어장관리' VC를 다시 찾을 때는 '신분 상승'에 준하는 매출 증가나 높아진 사용자 수치를 들고 가야 한다. 첫 미팅에서 안 차였다고 해도, 같은 상태의 제품과 비즈니스를 들고 같은 투자자를 찾으면 투자자는 짜증난다.

V씨, 잘 지내시죠?

내 벤처가 투자를 못 받으면 이유를 냉철하게 분석하고 판단해야 긍정적인 결과가 나온다. 그래서 가끔 가벼운 안부 전화라도 하면서 투자자와 긴밀한 관계를 유지하라. 기회가 좋으면 당장에라도 당신 사무실로 달려와 투자 계약서를 내미는 게 투자자의 기본 성향이다.

그렇다고 한 번 거절로 너무 낙심 말라. 탁월한 제품을 찾는 투자금은 아직 실리콘 밸리에는 넘쳐난다. 대신 소수 벤처에 돈이 몰려 있다. 훌륭한 제품을 들고 소수의 벤처 대열에 끼면 된다.

§ § §

VC는 전지전능한

제1니계명

기발한 아이디어로 프로토타입을 만들어서 10명의 투자자를 대상으로 발표했는데, 모두 부정적인 반응을 보인다면? 이때를 위험 신호라고 생각하는 창업자가 많다. 그래서 절대로 시장에서 통할 비즈니스가 아니라는 생각에, 전략을 바꾸든지 아니면 완전히 다른 서비스를 시도한다.

투자 연승 가도를 달리는, 내로라하는 VC가 부정적인 반응을 주면 창업자 대부분은 수긍한다. 그리고 "아, 이걸로는 절대로 투자를 받을 수가 없구나."라고 낙심하며, 많은 시간과 돈 그리고 열정을 쏟아 부은 프로젝트를 중단한다. 아니면 전략을 180도로 바꾸고 새로 계획을 세운다.

일반적으로 창업자는 고민에 빠질 수밖에 없다. 다수결이 옳을까, 내가 옳을까? 투자자 다수가 고개를 저으면 사업 여부를 재고해야 하나, 아니면 소신껏 추진해야 하나? 등이다. 하지만 답은 없다. 적중률 100% 증권 분석가가 없듯이 세상 어디에도 미래를 훤히 바라보는 족집게 도사는 없다.

우둔하게, 못 먹어도, 고!

일부 창업자는 "투자자가 항상 맞는 건 아니다. 나는 보란 듯이 성공하겠다."고 우둔하게 사업을 진행한다. 그러다가 큰 성과 없이 사업을 접기도 하지만, 어떤 이는 고생 끝에 자신의 비즈니스를 알아주는 투자자를 만나서 투자 유치를 하고 비즈니스를 고속으로 성장시킨다.

신이 아니다

> 미다스
> Midas
> 만지는 모든 것이 황금으로 변하는 것으로 널리 알려져 있는 그리스 신화에 나오는 왕
>
> ⋮
>
> 1
> "I've Failed More Times Than I've Succeeded."
> TechCrunch, 2011

VC의 예측이 항상 정확하지는 않다. 내가 관찰해보니 틀린 경우가 더 많다. 아무리 유명한 VC라도 성공한 투자 한 건 대비 실패한 투자가 많게는 20건 이상 있다.

내가 존경하는 투자자인 코슬라 벤처스의 비노드 코슬라는 실리콘 밸리 미다스의 손이라는 호칭까지 받을 정도로 지금까지 성공적인 투자를 많이 했다. 하지만 실패한 투자가 더 많았다고 자인했다.[1]

아무리 유명한 VC라도 신이 아닌 이상 항상 홈런을 칠 수는 없다. 성공적인 투자를 할 확률은 5%일 뿐이다. 즉, 성공을 확신한 벤처가 망하기도 하고, 싹수가 노래서 투자를 하지 않은 벤처가 엄청나게 성공하기도 한다.

물론 수년에서 수십 년 동안 수천 개의 비즈니스를 검토한 VC의 조언을 완전히 무시하면 바보다. 벤처 업계에서 가장 중요한 건 바로 경험이고, 산전수전 다 겪은 VC의 경험에서 우러나오는 조언과 직감은 막막한 '창업선(船)'을 탄 창업자에게 어둠을 밝히는 등대다.

다만, VC의 조언은 말 그대로 조언이다. 창업자가 결단하기 전에 참조하는 자료일 뿐이지, 조언을 예언으로 받아들이진 말라.

VC 曰, "착하게 검토하자"

에어비앤비 사례를 보자. 에어비앤비는 온라인 민박 중개 서비스로 창업 4년이 채 되지 않았지만, 현재 평가 가격은 무려 13억 달러가 넘는다.

에어비앤비도 창업 초기에는 대부분의 VC가 퇴짜를 놨다. 특히 트위터, 징가, 포스퀘어 같은 유명 스타트업에 투자한 미국 동부 최고의 VC인 유니온 스퀘어 벤처스의 프레드 윌슨조차 에어비앤비 창업 초기에 투자하지 않았다가 나중에 블로그를 통해서 공개적으로 반성했다.² 많은 VC가 유사한 실수를 한다.

2
"Airbnb."
AVC,
2011

VC 혈압 오르네

웹 검색 엔진의 최강자 구글도 초기에는 VC가 눈길도 주지 않았다. 실리콘 밸리의 역사 깊은 VC 베시머 벤처 파트너스의 파트너이자, 전설적인 투자자인 데이비드 코완은 구글에 투자는 둘째치고 창업자를 만나주지도 않았다. 유명한 일화다:

구글의 공동 창업자 래리 페이지와 세르게이 브린은 창업 초창기에 데이비드 코완의 친구 집 차고를 임대해서 사무실로 썼다. 하루는 데이비드 코완이 친구 집에 놀러 왔고, 친구는 구글의 창업팀을 소개하려고 했다.

친구: 우리 집 차고에서 일하는 스탠퍼드 학생 두 명이 있는데 만나볼래? 검색 엔진 만든대.

코완: 학생? 검색 엔진?(1999년 당시 웹 검색 엔진의 왕은 알타비스타였다)

코완: 걔네 얼굴 안 보려면 어디로 나가야 해? (=나 집에 갈래)

요즘도 데이비드 코완과 베시머 벤처 파트너스는 투자

VCs aren't always right

> 3
> "Anti-portfolio."
> http://www.
> bvp.com/
> portfolio/
> antiportfolio

요청하는 회사가 어수룩해 보이면 구글 일화를 떠올린다고 한다.³ 참고로 베시머 벤처 파트너스가 몰라본 회사에는 애플, 이베이, 인텔, 페이팔 등이 있다.

'칼라풀', 아프다 창투

에어비앤비와는 반대로, VC가 확신을 하고 투자했지만 무참하게 실패한 사례도 셀 수 없다.

《월 스트리트 저널》이 2011년 최악의 스타트업 실패로 지적한 컬러를 보자. 컬러는 성공 가도를 달려온 연쇄 창업자 빌 원의 사진 공유 서비스다.⁴ 컬러는 제품도 내기 전에 이미 세쿼이아 캐피털을 비롯한 유수의 창업투자회사로부터 4,100만 달러를 유치했다. 그러나 제품의 치명적인 버그·팀 불화로 창업팀이 공중분해 됐다.

> 4
> "Tech Flops of
> the Year: The
> BlackBerry
> Tablet, Color's
> Mobile App
> and Solyndra."
> *The Wall Street
> Journal*,
> 2011

2012년 5월 당시 컬러의 고유 방문자는 월 8,000명 수준이다. 하지만 2011년 7월에는 월 71,234명이었다. 최악의 투자 맞다.

반타작만 해도 우아해

실리콘 밸리 알토스 벤처스의 한 킴(Han Kim) 대표는 전체 커리어에서 딱 한 번의 대박만 나와도 그 VC의 커리어는 성공적이라고 말한다. 또한, 투자한 벤처 중 1/2이 살아남아도 성공적인 투자 운용이라고 말한다.

이처럼 아무리 능력 있고 성공 경험이 많은 VC라도 벤처의 성공이나 실패를 정확하게 예측하지는 못한다. 운과 타이밍도 무시하진 못한다.

창업자가 VC의 판단으로 벤처 시작을 포기하는 것은, 어쩌면 애초부터 자신이 없어서 VC의 말을 듣고 소신을 접은 것인지도 모른다. 본인의 확신 없음을 VC가 인정해줘서 안도했을지도 모른다.

그렇지만 VC의 불길한 예견을 떨치고 소신 있게 비즈니스를 했다면 지금쯤 성공적인 인터넷 벤처 창업자로 승승장구하고 있을 수도 있다. VC의 말을 맹신하지 말고, 결단은 소신 있게 하라. 당신이 제2의 에어비앤비가 될 수도 있다. 물론 제2의 컬러가 될 수도 있지만 말이다.

§ § §

벤처 투자는

제15계명

 실리콘 밸리 VC는 미국이 아닌 외국에 본사가 있는 벤처에는 잘 투자하지 않는다. 특히 내가 아는 한국 벤처에 투자한 실리콘 밸리 VC는 다섯 손가락 안에 꼽을 정도로 적다. 세부적인 이유야 VC마다 다르겠지만, 일반적으로 실리콘 밸리 VC가 외국 벤처에 투자하지 않거나 투자하기가 어려운 속내가 있다.

기러기 벤처?

창업팀과의 거리가 문제다. VC는 투자 요건 중 창업팀을 최우선으로 고려한다. 관계가 끈끈해지려면 가까이 있어야 한다. VC의 입장에서 같은 언어를 하고, 같은 지역에 사는 미국인 창업팀을 알아가기도 바쁜데, 언어도 다르고 시간대도 다른 한국의 벤처와 소통하려면 꽤 불편하다. 게다가, 투자하면 1년에 주로 4번 하는 이사회 때마다 한국으로 가야 하는 문제점도 있다.

한국에선 '듣보'라…

사후 관리도 문제다. VC는 투자에서 역할이 끝나지 않고, 투자한 회사를 지속해서 도와야 한다. 그런데 실리콘 밸리 VC는 한국 비즈니스에 도움을 주기에는 한국 시장을 잘 모르고 한국 내 인맥도 별로다.

난 한국 VC랑 급이 다른데…

두 군데 이상의 VC가 특정 벤처 기업 투자에 참여했을 때 이 중에서 주도권을 갖고 투자에 대한 '총대'를 매는 VC를 리드(lead) 투자자라고 한다. 한국 벤처가 투자받으면 주로 한국의 VC가 리드 투자자가 된다. 그런데 실리콘 밸리 VC는 한국 VC를 잘 모르니 난감하다.

태평양을 건너기 어렵다

> 1
> "Y Combinator's Paul Graham On The $150K Per Start-Up Offer."
> *The Wall Street Journal*, 2011

실리콘 밸리의 최근 투자 행태를 보면, 리드 VC가 투자 결정을 내리면 과거에 같이 투자해봤거나 친한 다른 VC와 공동 투자한다.

대표적인 사례는 얼마 전 러시아 유수의 VC 기업 디지털 스카이 테크놀로지의 대표가 발표한 Y 콤비네이터와의 투자 협력이다. Y 콤비네이터가 투자한 스타트업에게는 조건 없이 15만 달러를 투자하겠다고 선언했다.[1] 그만큼 리드 VC인 Y 콤비네이터를 신뢰한다는 의미다.

아직 한국 VC와 실리콘 밸리 VC 간의 이러한 신뢰는 형성되지 않았다.

법률도 번역이 되나요?

마지막으로 국가마다 기업 법률·세금·감사 제도가 다르다. 실리콘 밸리 VC가 한국 상법·세법까지 알아야 하나? 골치 아픈 문제다. 설상가상으로 모든 법률 문서·**재무제표**가 한글이다. 언어도 다를뿐더러, 한국 재무제표는 형식 자체가 미국 재무제표와는 전혀 다르다. 검토만 해도 상당한 시간과 노력이 든다. 선례가 없어서 믿고 맡길 자문 변호사, 회계사를 구하기도 어렵다.

> **재무제표**
> financial statement
> 회계 기간 동안의 경제적 사건과 그 기간 말에 있어서의 경제적 상태를 보여주는 일련의 회계보고서

또한, 투자란 많게는 수백억 원의 돈이 오가는 절차라 세금도 무시 못한다. 세금 폭탄 맞아보셨는가? 미국 세법도 지겨운데 한국 세법? 알고 싶지 않다.

변호사·회계사·세무사·번역사·번역 공증인으로 팀을 구성해야 한다. 불가능하진 않다. 중대형 법무법인에는 외국 투자 전문 서비스가 있다. 물론 돈 좀 든다.

> 알토스 벤처스
> 판도라TV,
> 블루홀
> 스튜디오,
> 이음,
> 우아한형제들과
> 같은 한국 벤처
> 에 투자했다.

지금까지 부정적인 시각으로만 말했다. 하지만 한국 벤처에 투자하는 실리콘 밸리 VC가 간혹 있다. 뮤직쉐이크에 투자한 트랜스링크 캐피털이나 앞서 말한 **알토스 벤처스**가 대표적인 경우다. 두 곳은 모두 실리콘 밸리에 사무실을 두고 펀드 자체도 미국 펀드지만 한국인 파트너가 있다. 덕분에 언어·문화·네트워크 같은 큰 걸림돌을 쉽게 넘었다.

외국 벤처캐피털이 한국에 지사를 설립하고, 펀드 자체를 한국에서 만들어서 투자하는 사례도 있다. 일본계 소프트뱅크 벤처스 코리아는 티스토리로 유명한 태터앤컴퍼니에 투자하고, 2008년 구글 코리아에 지분을 팔아서 돈 좀 벌었다. 또한, 한국 VC와 외국 VC가 같이 한국에 펀드를 설립해서 한국 벤처에 투자하기도 한다. 한국의 아테나 벤처스와 실리콘 밸리의 명문 VC인 DFJ가 2008년 한국에 설립한 DFJ 아테나가 한 사례다. 다만, 소프트뱅크 벤처스 코리아와 DFJ 아테나도 결국 한국 VC이기 때문에 한국의 전통적인 투자 프로세스와 철학이 더 강하다.

그래 한국 인구 적다, 보태줘

이처럼 일생일대의 기회라면 VC는 지옥불에 몸을 던져서라도 투자 방법을 찾는다. 그러나 내가 감히 말하는데, 더 많은 실리콘 밸리 VC가 한국의 벤처에 투자하지 않는 이유는 따로 있다.

Why Silicon Valley VCs don't invest in Korea

실리콘 밸리 VC가 한국 벤처에 투자하지 않는 이유는 한국 시장 규모가 작아서다. 성장 가능성이 제한되므로 한국 벤처는 매력적이지 않다. VC라면 성장 가능성이 높은 벤처를 보면 한국이든 아프리카든 투자 못 할 이유가 전혀 없다. 아무리 많이 팔아도 우리나라의 인구와 시장 크기는 한정되어 있다.

그래서 비슷한 서비스라도 중국, 러시아 또는 브라질의 벤처는 실리콘 밸리 VC의 대규모 투자를 받는다. 그만큼 땅이 넓고 시장의 잠재력이 커서다.

그렇다고 좌절하진 말자. 한국 시장이 작으면 큰 시장으로 진출하면 된다. 처음부터 한국이 아닌 세계 시장에서 통할 서비스와 제품을 만들라는 뜻이다. 현재 4,500만 사용자라는 엄청난 규모의 잠재력을 자랑하는 카카오톡은 한국 벤처 중 국제적인 서비스의 가능성을 보여주는 좋은 사례다.

§ § §

태평양을 건너

제16계명

그림 J – CC BY 2.0, christian.rondeau on Flickr

실리콘 밸리로 오라

❝무한 동력이 지배하는 시장에서 일하라. 큰 파도를 타면 더 높게 도약한다.❞ 창업자 리드 호프먼의 조언이다. 선택의 여지가 있다면, 무조건 실리콘 밸리로 와서 창업하세요. 내 조언이다.

한국 벤처가 실리콘 밸리 VC의 투자를 받긴 쉽지 않지만, 큰 시장을 넘보는 걸출한 제품이라면 가능하다. 이런 제품을 내세울 수 있으면, 실리콘 밸리는 사람과 돈이 흐르는 약속의 땅이다.

그런데 내가 아는 한국 벤처 업계 분들은 한국에서 창업해야 비용·채용 면에서 장점이 많다며 미국 창업을 고려하지 않는다.

실리콘 밸리는 기후가 좋다. 미국 서부 캘리포니아 북쪽 지역인데 여름은 습도가 낮아서 기온이 높아도 덥지 않고 겨울은 비만 오지 춥지도 않다. 연중 햇빛이 비치고 평균기온은 15°C 내외다. 차로 30~40분만 가면 아름다운 태평양이 있고, 4시간만 가면 북미 최고 수준의 스키장인 레이크 타호가 있다. 원하면 바다에서 서핑하고, 같은 날 산에서 스키를 탈 수 있다.

벤처의 핵심은 사람·돈·아이디어인데 실리콘 밸리는 이러한 환경적인 조건 때문에도 세계에서 사람이, 그리고 사람 따라 돈이 제일 몰리는 지역이다.

창업·엔진·디자인, 모였다 꿈동산

실리콘 밸리 하면 '창업자 사관학교' 스탠퍼드 대학교를 빼놓을 수 없다. 휴렛팩커드, 시스코, 엔비디아, 야후!, 구글, 나이키, 로지텍, 인스타그램, 썬 마이크로시스템즈 모두 스탠퍼드 출신 창업자가 세운 기업이다. 실리콘 밸리 외곽에는 '엔지니어 사관학교' UC버클리 대학이 있다. 애플의 공동 창업자 스티브 워즈니악, 유닉스 운영체제 공동 창시자 켄 톰슨, 이더넷을 발명한 로널드 슈밋, 최초로 위지위그 워드 프로세서를 창시한 찰스 시모니 등이 유명하다. 게다가 스탠퍼드와 UC버클리는 공과대학이 아니라 모두 종합대학이다. 엔지니어 말고도 인문·예술·경영 분야에 인재가 많다.

Aim for the global market

그래서인지 스탠퍼드, UC버클리는 인재를 배출하고, 인재는 완벽한 기후에 홀려 실리콘 밸리에 한번 발을 붙이면 떠나지 않는다.

벤처를 하려면 같은 부류의 사람이 많은 실리콘 밸리가 좋다. 비범하고 창의적인 창업자·엔지니어·디자이너가 넘친다. 열정과 창의력이 있는 사람은 '끼리끼리' 모인다. 그렇게 인재가 몰려서 비즈니스를 만들고, 좋은 비즈니스에 돈이 다발 채로 투자된다.

우리나라를 비롯한 여러 나라에서 토착 실리콘 밸리를 만들려는 노력이 끊이지 않지만 성공 사례가 드문 이유는, 실리콘 밸리 같은 천혜의 자연환경과 일류대학을 단기간에 조성하기 어렵기 때문이다.

총알 탄 실리콘 밸리 VC

나도 벤처 일을 거의 10년 하면서 각국 각지의 VC를 만났지만 실리콘 밸리 VC는 세계 최고다. 이들의 특징을 보면 '초 공격 투자 철학'으로 다른 VC를 압도한다.

실리콘 밸리는 한국의 "내가 돈을 주니까 나는 갑이고, 너는 을이야"가 없다. 같은 배를 탄 동반자 관계다. 심지어 "수천 명의 VC 중 나한테 이런 좋은 투자 기회를 줘서 감사하다"고 말하는 실리콘 밸리 VC도 많다.

과장하면, 실리콘 밸리 VC는 창업자에게 돈을 강매하는 공격적인 영업사원이다. 언젠가 내가 아는 벤처가 투자유치에 나섰다. 창업자는 한국인이지만 실리콘 밸리에 기반을 둔 스타트업이었고 최종적으로 실리콘 밸리 VC와 한국의 VC가 입질을 했다. 결과는?

한국 VC와는 거의 6개월 이상 미팅과 투자 조건 얘기를 했는데, 실리콘 밸리 VC는 만나자마자 바로 투자하겠다는 제안과 함께 계약서 초안을 다음날 전달해줬다고 한다. 2주 후에 돈이 들어왔다. 창업자에게 물어보니 한국 VC는 창업팀과 비즈니스를 맘에 들어 했지만, 자체적으로 **시장조사** 하는 과정을 거쳤고 투자심의를 오래 했다고 한다.

> **시장조사**
> market research
> 한 상품이나 서비스가 어떻게 구입되며 사용되는지, 어떤 평가를 받고 있는가 하는 시장에 관한 조사
> ⋮

∴∷⁝⸪⸫∴∴

위는 한국과 실리콘 밸리 VC의 사례지만, 같은 미국이라도 실리콘 밸리 VC는 돋보인다. 페이스북도 원래는 동부 보스턴의 하버드 대학교 기숙사에서 창업했다. 마크 저커버그는 처음에는 보스턴 지역 VC에게 손을 벌렸지만, 다 주춤하는 사이에 저커버그는 서부 실리콘 밸리로 이주했다. 바로 투자유치에 성공했다. 당시 투자기회를 놓쳤던 보스턴의 한 VC는 "그때 투자하지 않은 건 실수였다"고 가슴을 쳤다.

실리콘 밸리 VC가 공격적으로 고객을 낚아채고 투자 결정이 잽싼 이유는 스타트업을 누구보다 잘 이해한다는 자신감이다.

태평양을 건너 실리콘 밸리로 오라

[1] "Why to Move to a Startup Hub." 2007

[2] Startup Visa. http:// en.wikipedia. org/wiki/ Startup_Visa

태생은 영국인이고 미국 보스턴에서 학교에 다닌 Y 콤비네이터의 폴 그레이엄은 런던의 한 컨퍼런스에서 "실리콘 밸리로 오면 스타트업의 성공 확률이 높아지리라고 봅니다"라며 실리콘 밸리 VC의 대담함을 칭송했다.[1]

물론 이 말을 잘못 해석하지 말자. '묻지 마' 실리콘 밸리 행은 곤란하다. 언어·비용·전략 등의 숙제는 해오자.

비자 문제도 왕도는 없다. 창업자가 미국 VC에서 10만 달러 투자를 받으면 비자를 내주는 스타트업 비자 법안이 미국 의회에 계류된 상태지만 기약은 없다.[2]

준비된 창업자로 실리콘 밸리로 와서 웅지를 펼쳐라.

§ § §

가족이 투자하겠다면

제17계명

그림 K – CC BY 2.0, marytempesta on Flickr

축복이다, 받아라

> **엔젤 투자자**
> angel investor
> 초기 단계의 벤처에 투자해서 주식 지분이나 전환사채를 받는 투자자

투자유치는 진이 빠지는 프로세스다. 특히 성공 이력이 없는 새내기 창업자라면 투자자한테 돈을 받기란 은행 대출보다 훨씬 어렵다. 투자자에겐 압류(押留)란 법적 강제력이 없기 때문이다. 그래서 새내기 창업자는 소액 투자를 하는 **엔젤 투자자**를 많이 찾는다.

내가 운영하는 스트롱 벤처스도 엔젤 투자를 한다. 젊은 친구들이 탁월한 팀과 참신한 아이디어를 들고 우리를 찾지만, 극소수만 웃으며 돌아간다.

나 또한 투자자라서, 투자하지 않은 창업자와도 연락하고 지낸다. 그 중 어떤 창업자와 저녁을 같이 하는데 창업자가 이런 난처한 일화를 꺼냈다.

> **CEO**
> 최고경영자
> 회사의 총체적인 경영을 책임지는, 가장 높은 위치에 있는 경영자

"배 대표님, 실은 저희 아버님께서 대기업 CEO 입니다. 할아버지는 이름만 들으면 아는 K씨고요. 전부터 부모님께서 3억 정도 종잣돈을 대주시겠다고 하는데, 영 껄끄럽더라고요. 나중에 잘못되면 아버님 보기도 미안하고요. 도리가 아니라 거절했습니다."

여러분은 어떤 조언을 해주겠는가?

돈 주면 착하게 받자

생각보다 많은 창업자가 이런 고민을 한다. 복 터졌다. "감사합니다," 인사하고, 누가 채가기 전에 빨리 받아라. 모든 일에는 타이밍이 있다. 내가 하려는 서비스도 유행을 탄다. 언제 유행이 끝날지 모르니, 돈을 주겠다면 아는 사람 돈은 무조건 받아서 빨리 시작해야 한다. 단, 사채나 출처가 수상한 돈은 금물이다.

도리 어쩌고는 핑계다. 자신 없구나? 누구한테건 돈을 받는 건 부담이다. 나는 버럭 화를 냈다.

> **"**야, 너희 아버님 돈은 잘못되면 미안하고 내 돈은 잘못돼도 괜찮다는 말이냐!"

자신감도 준비하면 된다. 준비해서, 돈 받고, 성공해서, 아버님께서 자식 자랑하시게 하라. 그래도 자신이 없으면 이유를 번호를 매겨가며 메모지에 써보라. 주위에 조언을 구해서 일단 몇 개를 지우라. 그리고 혼자 힘으로 한 달에 한 가지를 지우라. 일 년이 걸려도 좋다. 다 지우면, 없던 자신이 생긴다.

The best money is your family money

'익사이팅'하게 받자

1990년대의 실리콘 밸리를 대표하는 스타트업인 익사이트 창업팀도 창업자금은 부모님께 빌린 만 오천 달러로 마련했다.[1] Y 콤비네이터의 폴 그레이엄도 친구가 투자한 만 달러로 1995년에 바이어웹을 창업했다.[2] 모두 다 초기자금을 일찍 마련해서 제품을 빨리 개발했다. 크게 성공했다.

가족·친구에게 투자받으면 좋다. 내 천사들은 항상 내 주위에 있고 나를 잘 안다. 막말로 사업하다 망해도 내가 신용불량자가 되거나 감옥 갈 일은 없다. 단점도 있다. 가족·친구가 투자하면 그 시점부터 공과 사의 구분이 어렵다. 어렵고 힘들어도 내색하기 어렵다. 투자자는 취기에도 본전을 잊지 않는다. 현명하게 처신하자.

빨리 프로토타입을 만들어서 시장에서 입증 받자. 신생 벤처의 첫 목표. 더 빠르고 쉽게 시작하게 도와줄 가족·친척·친구가 있다면 냉큼 돈을 받아 바로 쓸모 있는 물건을 만들자. 성공해서 행복하게 해주자.

§ § §

---

[1] "The Millionaires Next Door." Stanford Magazine, 1997

[2] Founders at Work : Stories of Startups' Early Days. Apress, 2008

잠재적인 투자자는

제18계명

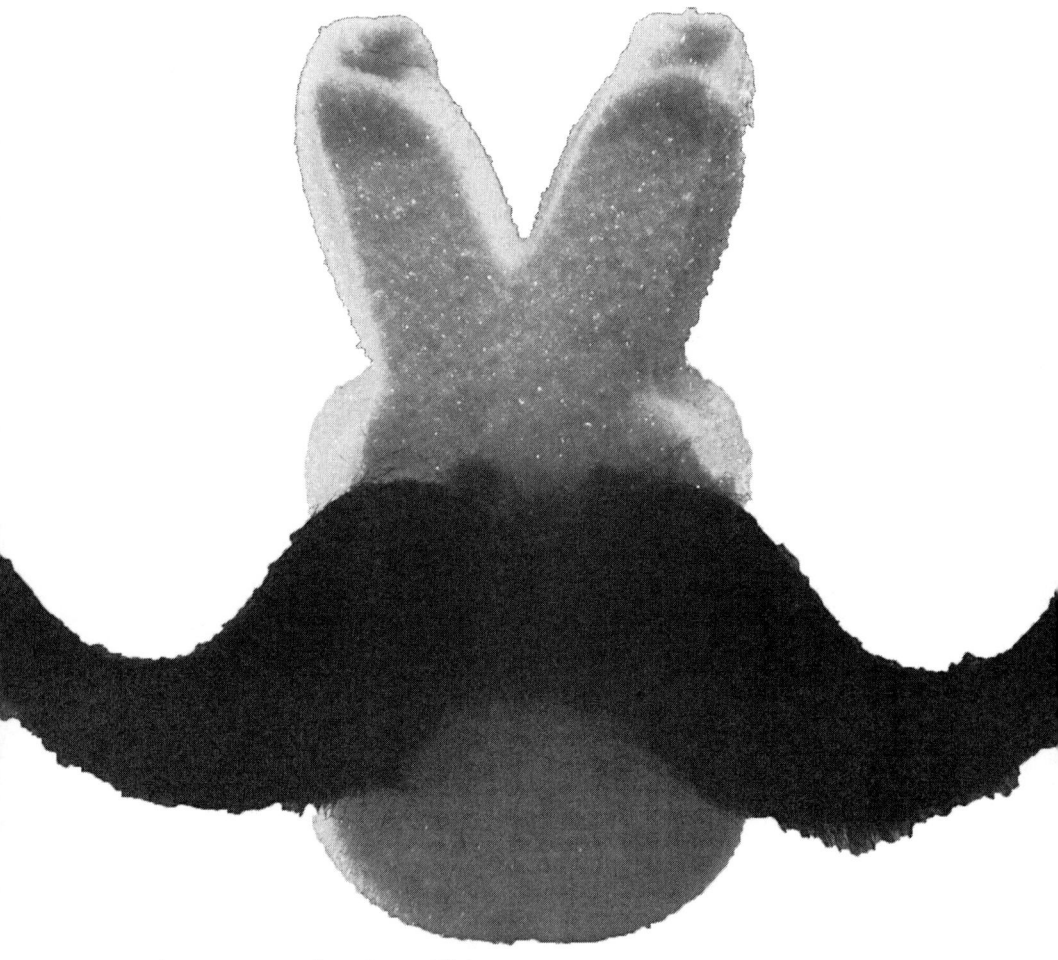

그림 L – CC BY 2.0, katerha on Flickr

온갖 행색으로 다가온다

에버노트를 아시는지? 전 세계 1,500만 명 이상이 이용하고 월 100만 명 이상이 신규 등록하는 온라인 노트 혁명 에버노트를 모른다면 오히려 반가운 일이다. 사용해보길 권한다. 나는 모든 인터넷 자료를 에버노트에 저장한다. 사진·글·음악·이메일 다 들어간다. 이렇게 탁월한 서비스가 있나 감탄했다.

그런데 에버노트도 창업 초기에는 돈이 없었다. 창업자 겸 CEO인 필 리빈(Phil Libin)은 35세에 성인식을 치렀다며 당시를 회고한다.[1]

> 1
> "Evernote:
> Company of
> the Year."
> Inc.,
> 2011

2007년 말, 에버노트의 자금은 바닥을 보였다. 초기에 투자자들의 입질은 많았다. 하지만 수익모델이 없다고 다들 손을 뗐다. 필 리빈이 아무리 전화를 하고 이메일을 보내도 감감무소식이었다. 운명의 날, 장소는 자기 집, 때는 새벽 3시. "내일 출근하면 전 직원을 해고하겠다"고 결정했다. 자려고 불을 끄는데, 새 이메일이 왔다는 알람이 울렸다. 혹시나 투자자가? 벌떡 일어나서 확인했지만, 최근 들어 부쩍 많이 오는 애호가 편지였다.

> 소프트웨어
> 개발자
> software
> developer
> 소프트웨어 설계와 코딩 업무를 수행하는 사람

스웨덴에 사는 **소프트웨어 개발자**가 보냈는데 에버노트가 자기 인생을 바꿨다는, 별로 새롭지 않은 내용이었다. 그런데 이메일의 마지막 줄이 재밌었다.

> "혹시 돈이 필요하면 연락 주세요."

필 리빈은 잠이 확 달아났다. "안 그래도 우리가 돈이 좀 궁해요. 얼마 정도 생각하시는지?" 바로 답변이 왔다. "50만 달러면 될까요?"

Ever 친절, Ever 단비

에버노트는 50만 달러짜리 단비를 맞고 구사일생으로 살아나 쑥쑥 컸다. 4년이 지난 2011년 현재 1,000만 달러 이상을 보유하고 있다. 벤처캐피털 투자액과 회사 수익을 합한 금액이다.

Your neighbor might be an investor

우리는 VC나 엔젤 투자자만 생각하는데, 세상엔 부자가 훨씬 많다. 그리고 부자는 재산을 늘리려고 항상 좋은 투자 기회를 찾는다. 부자는 우리의 고객일 수도 있고 우리와 전혀 다른 곳에서 사는 사람일 수도 있다. 우스갯소리로, 어느 길거리 거지는 퇴근 시간에 운전기사가 벤츠를 몰고 모시러 온다고 하지 않던가.

언제 어디서 미래의 투자자와 부딪힐지 모른다. 누가 부자인지, 누가 투자자가 될지 모르니 창업자는 항상 모든 사람을 친절하고 진지하게 대해야 한다.

아마도 에버노트의 필 리빈이 고객 이메일을 그냥 무시했다면 우리는 에버노트 없는 세상에 살고 있을지도 모른다. 농담이지만, 나도 생산성이 낮아져서 《스타트업 바이블 2》를 출간하지 못했을지도 모른다.

이런 기분 첨이야, 흑

나도 귀인(貴人)을 만났다. 뮤직쉐이크 자금이 바닥날 무렵, 나는 공격적으로 투자 유치 시도를 했다. 모든 네트워크를 동원해서 실리콘 밸리와 로스앤젤레스 기반의 VC 소개는 다 받아서 미팅했지만, 다 퇴짜였다.

2009년, 로스앤젤레스에 있는 길거리 커피숍에서 마지막 긴 미팅을 했다. 나는 내일은 없다는 각오로 뮤직쉐이크기 얼마나 유망한 투자 상품인지를 역설했다. 인간적으로 친해진 VC라 기대가 컸다. 하지만 VC는 이빈에는 투자하지 못하지만 계속 연락하자며 자리를 떴다.

마음의 준비는 했지만, 막상 거절을 당하니 충격이 컸다. 그냥 자리에 앉아서 커피를 한 모금 들이밀었다. "자, 이젠 어떻게 하지?" 그때 가까운 테이블에 있던 40대로 보이는 아저씨가 다가왔다.

> 66 죄송합니다. 엿들으려고 한 거는 아닌데, 선생님 목소리가 커서 들었습니다. 무슨 음악 관련 IT 서비스 같은데 저한테 좀 설명을 해줄 수 있을까요? 음악에 관심이 많아서요."

사실 지치고 짜증 나서 무뚝뚝하게 설명했다. 질문이 많이 나왔지만, 건성으로 답했다. 동네 아저씨같이 생긴 백인이 뭘 알겠어? 우리가 하는 인터넷 사용자 제작 음악 서비스가 얼마나 복잡한데. 몇 분 후, 동네 아저씨는 "만나서 반가웠습니다. 저는 존 크라프트라고 해요. 저도 판도라 미디어라는 음악 관련된 스타트업에서 일해봐서 관심을 뒀습니다"라며 자리를 떠났다.

다음날 알아보니 존 크라프트는 귀인이었다. 2011년에 상장한 판도라 미디어의 공동 창업자이자 초대 CEO였다. 그때 내가 온 정성을 쏟았다면 과연 투자받았을까? 어쨌든 나는 귀인을 몰라보고 박대했다.

그날 이후로 나는 정성과 열성으로 사람을 대하는 습관을 들였다. 우리 비즈니스에 관심을 보이면 노인, 어린아이, 옷차림이 허름한 사람이라도 친절하게 대한다. 세상은 넓고 언제 어디서 투자자를 만날지 모르니까.

§ § §

투자는 최대한 많이 받아서

제19계명

그림 M – CC BY 2.0, Justin Ornellas on Flickr

비상시에 대비하라

나는 《스타트업 바이블》 1편에서 너무 많이도 너무 적게도 말고 필요한 만큼만 투자받으라고 했다. 다만, 모자라게 받지만 말라고 했다.

하지만 이젠 아니다. 최대한 많이 받자. 실리콘 밸리 게임의 법칙이 바뀌었다. 호경기와는 달리, 지금과 같은 불경기에는 주식 시장이 불확실하고 VC 자금의 가용성과 회사 평가가격 자체가 하루가 다르게 급변한다. 실제로 2008년 이후로 투자금이 없어서, 사용자들이 우글거리고 가능성이 창창하던 많은 유망한 스타트업들이 지금은 사업을 접었다.

투자자들은 1999년 **닷컴버블**에도 굴하지 않았지만, 세계적인 불경기까지 오자 이젠 초단기 투자를 꺼리기 시작했다. 1년도 안 된 스타트업이 터무니없이 높은 평가가격에 상장됐다가 바로 추락하는 사례를 자주 봤기 때문이다. 이제 관록 있는 투자자라면 단시간 동안 비정상적으로 성장하는 기회보다는, 장기적으로 경기의 변덕을 견디며 꾸준히 성장하는 기회를 선호한다.

장거리를 뛰려면 벤처 또한 탄탄한 자금력이 필요하다. 아무리 인터넷 최강자 구글이라도 싸구려 서버도 구할 돈이 없었다면 버티지 못했다. 변덕스런 주식 시장에 흔들리지 않는 자금 구조를 만들라.

닷컴버블
dot-com bubble
1995~2000년 인터넷 분야가 성장하면서, 산업 국가의 주식 시장이 지분 가격의 급속한 상승을 본 거품 경제 현상

디지털 비디오 리코더 셋톱 박스의 제조사 티보가 수많은 경쟁사를 제치고 성공했던 이유는 바로 다른 회사보다 많은 투자를 받아서다.[1] 티보의 가장 강력한 경쟁사였던 리플레이TV는 2000년 초 불경기 여파로 문을 닫았지만 티보는 자금력으로 살아남았다. 필요 이상으로 투자받았던 경영진의 선견지명 덕이다.

마대 자루 채 돈을 당겨라

물론 기본적인 투자유치 원칙은 고려해야 한다. 회사 지분을 과도하게 넘기거나 창업자나 회사에 불리한 조건으로 투자받지는 말라. 실리콘 밸리의 거물 마크 앤드리슨의 투자와 투자금액에 대한 조언을 들어보자.[2]

1. 투자받으려면 최대한 많이 받으라.
2. 회사의 경영권을 넘길 정도로 많이 투자받지는 말라. 자신만만한 창업자는 미래에 더 유리한 조건에 투자유치가 가능하다고 보고 당장은 필요한 만큼만 투자받는다. 사실 회사 운영을 잘하면 문제없다. 그러나 현실적으로 여유 자금을 마련하지 않는 것은 벤처 전체를 거는 도박이다.
3. 투자를 많이 받아서 벤처가 크게 성공하면 창업자와 투자자 모두가 큰 돈벼락을 맞는다.
4. 투자를 일부러 적게 받았는데 갑자기 경기가 나빠지고 자금이 떨어져서 스타트업이 망할 수도 있다. 이런 위험을 무시해도 좋을까?

---

[1] *Founders at Work : Stories of Startups' Early Days.* Apress, 2008

[2] "The Pmarca Guide to Startups, part 6: How much funding is too little? Too much?" 2009

There is no such thing as "too much" money

5. 일반적으로 투자는 무조건 많이 받는 게 좋다. 특히 이런 불경기에는 내부 및 외부의 위험 요소에 대비해서 보험 든다 생각하고 투자를 많이 받아놓는 게 유리하다.

지분을 방어하고 유리한 조건으로 투자받으려고 걱정하고 고민하기보다는 우리가 통제할 수 없는 외부 요소에 대비해서 투자를 많이 받자.

그렇다고 투자를 많이 받아서 스타트업한테 무조건 유리한 것은 절대 아니다. 괜찮은 조건에 필요 이상으로 투자를 받으면 그렇지 않을 때보다는 더 큰 책임이 따른다는 걸 명심하자. 투자자들의 지분과 기대가 더 커지기 때문에 이왕 하려면 크게 성공하겠다는 자세로 스타트업을 운영해야 하며, 앞으로 추가로 투자를 유치하려면 과거 투자 시점보다 확연하게 달라진 회사의 양적 및 질적 성장을 명확한 수치로 보여줘야 한다.

돈은 필요하면 받는 게 아니라 줄 때 받아야 한다.

§ § §

지분은 희석된다

제20계명

벤처 기업의 매력은 주식과 스톡 옵션이다. 벤처 대부분이 대기업보다 연봉과 복리 후생은 부족하지만, 회사 일부를 소유함으로써 나중에 벤처가 잘되면 경제적인 고민은 오랫동안 또는 평생 하지 않아도 된다.

벤처를 하는데 주식 공부를 할 필요는 없지만, 희석은 반드시 알아야 할 필수 용어다. 처음 받은 회사 지분 1%가 몇 년 후 성공적으로 투자비 회수(exit)를 했을 때에 0.3%로 줄어드는 현상이 바로 지분 희석이다. 지분이 묽어진 거다. 미리 알아두지 않으면 나중에 울화통 터지는 일이다. 예를 들어보자.

평가가격
valuation
창업할 회사를 금액으로 환산한 구체적인 수치이자, 투자 받을 금액과 교환할 회사 지분을 계산하기 위한 기본적인 숫자
⋮

남희석은 웃기고, 내 희석은 울리네

대기업에서 마케팅을 담당하던 A씨는 한 인터넷 벤처를 소개받았다. 사장이 입사조건으로 부사장 직급과 회사 지분 10%를 제안했다. 연봉은 현재보다 훨씬 낮은 오천만 원을 제시했다. 곧 투자를 받을 분위기는 이미 조성됐고, 사장은 궁극적으로 이 회사를 3,000억 원의 **평가가격**에 큰 회사에 매각할 계획이었다.

지분 10%면, 회사가 3,000억 원에 팔리면 바로 300억이네? A씨는 흥분해서 바로 계약서에 사인하려고 덤빌 것이다. 하지만 300억 믿고 돈 당겨 쓰다간 큰코다친다. 세금보다 무서운 게 지분 희석이다. 3,000억 원에 회사를 팔기 전에 아마도 3번 정도의 추가 투자를 받을 텐데 그때마다 신주(新株)가 발행되면서 A씨의 10%의 지분은 그만큼 희석된다.

Stock dilution is part of startup life

회사가 1년 뒤에 1차 투자를 받았다고 하자. 1차 투자의 조건은 지분 25%에 5억 원이다. 이 말은 회사의 지분 100%를 20억 원으로 산정했다는 의미다. 여기서 5억 원을 빼면, 투자 전 기업가치를 15억 원으로 평가했다는 의미다. 즉, **투자 후 기업가치**는 20억 원이다.

자, A씨의 지분 10%는 2억 원? 아니다. 희석이라는 개념이 적용되면서 A씨의 지분이 낮아진다.

1차 투자를 받기 전에 1백만 주를 이미 발행했다고 하자. 투자자들이 5억 원에 대한 지분 25%를 확보하려면 신주를 발행해야 한다. 몇 주(株)가 필요할까?

계산이 싫으면 통과~

간단한 산수를 해보면:

$$X \div (1{,}000{,}000 + X) = 25\%$$

$$\therefore X = 333{,}333$$

즉 333,333개의 신주(新株)를 투자자 몫으로 발행해야 한다. 5억 투자받아서 총 주식은 이제 1,333,333주. A씨 지분 10%는 100,000주에 해당하며, 지분율은 이제 100,000 ÷ 1,333,333 = 7.5%로 내려갔다.

즉, 1차 투자를 받으면서 10%의 지분이 7.5%로 희석된다. 즉, A씨가 보유한 주식의 평가액은 2억 원이 아니라 1.5억 원이다. 만약에 1차 투자를 받은 후 회사를 3,000억 원에 팔 수 있다면(!) A씨 몫 7.5%는 225억 원이다.

투자 후 기업가치
post-money valuation
투자 이후의 회사 가치를 뜻하는 용어로 투자 전 기업가치와 새로 발생한 자본의 총액

1,000,000 × 10% = 100,000

10% ⋯▶ 7.5%

7.5% ···▶ 4.5%

A씨, 잠깐! 회사가 정상적인 모습을 갖추려면 통상적으로 2차, 3차 투자가 추가로 필요하다. 2차 투자를 받으면서 회사 지분의 40%를 신규 VC가 가져가면, A씨의 지분은 4.5%로 희석된다. (7.5% × (100% - 40%)).

저(低)도수? 많이 먹으면 大취

회사를 팔 시점에 A씨 지분이 2%로 감소했다고 가정해 보자. '내 앞으로 세종대왕이 몇 장이야?' 그건 바로 그 시점 회사의 가치에 따라서 다르다. 평가가격이 1조 원이면 200억 원, 50억 원이면 1억 원이다. 겨우 1억? 1억도 투자비 회수를 해야만 나온다. 벤처가 투자비 회수를 못 하고 망하면 주식은 세종대왕이 아니라 휴지로 전락한다. 지분 희석은 세 가지만 알면 된다:

1. 희석은 나쁜 게 아니다. 벤처 인생의 일부다. 벤처가 투자를 전혀 받지 않고 잘되지 않는 이상, 지분 희석은 천하의 탈세 귀신도 피할 수 없다.

2. 기대 수익은 지분 희석과 평가가격 추정치로 계산해야 한다. 계산해보고 연봉과 지분의 양을 잘 조절하라. 그리고 열심히 일하자. A씨의 경우, 아무리 높이 봐줘도 회사 평가가격이 50억 원이면 현 직장에 머무는 게 경제적이다.

3. 벤처의 초기 단계에 참여한 주주는, 그 이후에 들어온 주주보다 많은 희석이 생긴다. 더 많은 지분으로 시작하지만, 희석률은 남보다 크다.

지분은 희석된다

[1] 스타트업과 자회사에 대한 나의 생각, 블로그, 2012

실리콘 밸리의 정서는 "1억 달러 회사의 10%를 가지는 것이 백만 달러 회사의 50%를 가지는 것보다 낫다."라고 요약할 수 있다.[1]

어차피 희석은 피할 수 없으니, 신경 쓰지 말고 회사의 평가가격을 극대화하는 데 집중하라. 지분 희석이 심해져서 초기 지분 5%가 0.1%로 감소해도 회사의 평가가격이 6조 원이면, 그 0.1% 지분의 가치는 60억 원이 된다. 페이스북이 대표적인 사례다.[2]

[2] "Yet Another Facebook Price: Employee Shares Sold At Valuation 'North Of $6 Billion'." *Business Insider*, 2008

라면 먹고 합숙하는

제21계명

그림 N – CC BY 2.0, netstrolling on Flickr

두 청년이 당신의 경쟁자다

❝경쟁사가 어딥니까?" 투자자가 창업자에게 꼭 물어보는 질문이다. 일종의 숙제 검사다. 제품을 원하는 시장이 열려있는지, 없다면 어떻게 시장을 개척할지, 있다면 시장 조사는 했는지, 시장 지배자를 어떻게 제칠지 궁금해한다.

내 VC에서도 "경쟁사는 어디고, 차별화 요소는 뭐죠?"라고 항상 묻는다. 물론 이 단계에서 서창한 5개년 계획을 기대하지는 않는다. 최소한 창업자가 숙제를 해왔는지 확인하려는 의도다.

> "경쟁사 없는데요." 경쟁사가 없다는 창업자가 왜 이리 많은지 놀랍다. 특히 한국 창업자가 그렇다. 완전히 새로운 분야라서 전혀 경쟁이 없다고 자신한다. 덧붙여서 "우리 기술은 세계 최고이며, 그 원천 기술을 저희가 가지고 있습니다"고 한다. 환장한다.

근거를 물어보면 기존 제품에 기능 한두 개 추가해놓고 똑같은 제품이 없다고 한다. 어이구. 이건 찜닭 집을 열면서 BBQ 치킨·영양센터·KFC가 경쟁 상대가 아니라는 말이다. '경쟁사'라는 개념 자체를 모르고 있다.

경쟁사의 정의는 우리 제품이 공략할 틈새시장이 아니라, 동종업에서 비슷한 제품을 제공하는 모든 업체다. 즉, '찜닭 시장'이 아니라 '치킨 시장'·'통닭 시장'에서 경쟁사를 찾아야 한다.

블루오션 블루스

> "경쟁사가 없는 **블루오션**을 장악할 겁니다!"

전에 만난 어떤 창업자가 트위터에 없는 기능을 몇 개 추가한 마이크로 블로깅 서비스를 소개하면서 자신했다. 그 젊은 친구와 자세한 얘기를 해보니 경쟁사가 없다고 하는 창업자의 공통점을 발견했다:

- **자기 제품이 제공하는 기능이 유일하다는 근거가 없다.** 젊은 친구는 구글에서 찾아보니 경쟁 제품이 없다고 답했다. 참으로 '블루'했다. 그런데 이런 순진한 창업자가 한둘이 아니었다. 이 순간 우리가 모르는 작은 나라 또는 시

블루오션전략
blue ocean strategy
기업이 성공하기 위해서는 경쟁이 없는 새로운 시장을 창출해야 한다는 경영 전략

There will always be competition

골 마을에서 우리보다 똑똑하고 의지가 강한 창업자가 우리가 구상하는 제품을 만들 확률은 언제든지 존재한다. 경쟁사가 없다는 대담한 주장을 하려면, 그에 걸맞은 조사를 철저히 해야 한다.

- **경쟁은 언제든지 발생한다.** 현재 경쟁사가 없더라도 미래에 곧 경쟁사가 나온다. 규모가 크고 고객이 존재하는 시장이라면 다들 뛰어들기 마련이니 경쟁사가 없다고 자만하면 큰코다친다. 앞으로 나올, 더 뛰어난 서비스와 경쟁할 수 있는 발판을 마련하는 데 힘쓰라.

만약에 트위터가 똑같은 기능을 추가해서 같은 시장에 진출하면 어떻게 하나? 트위터라는 골리앗을 한방에 훅 보낼 돌멩이가 준비됐나? 답변 준비하기 바란다.

❝만약에 구글이 이 시장에 진출하면 전략이나 대책이 있나요?❞ 실리콘 밸리 VC가 꼭 던지는 질문이다.

❝구글은 절대로 이 시장에 진출하지 않습니다. 구글의 수익원은 인터넷 검색 광고라서, 제가 구상하는 분야와 겹치지 않습니다❞라고 답하면 바로 쫓겨난다. 구글은 전기 자동차 관련 사업에도 진출해 있다.

기술 또한 마찬가지다. 새롭다는 기술이 전 세계 최초 또는 유일할 확률은 희박하다. 제대로 조사를 해보면 분명히 누군가 비슷한 기술을 실험실에서 개발했거나 상용화에 성공했을 것이다.

슈퍼맨, 배트맨, 그리고 스파이더맨

알렉산더 벨은 경쟁자보다 두 시간 빨리 특허출원을 해서 전화기의 발명자로 인정받았다. 과학자 아이작 뉴턴은 미적분학을 창시하고 발표를 하지 않다가 다른 수학자도 독자적으로 같은 발명을 한 걸 알고 기겁했다. 슈퍼맨이 있으면 배트맨도 있고 스파이더맨도 있다. 자만하지 말자.

벤처를 수년 동안 했는데 성과도 없고, 경쟁사도 안 보이면 전략을 한번 의심해보라. 혹시 애초부터 크지도 않고 가능성 없는 시장 아닌가? 시장만 열리면 경쟁사는 꼬리에 꼬리를 물고 나타난다. 철저히 대비해야 한다. 자신 없으면 회사를 조기에 매각하는 것도 좋다.

§ § §

특허는 기술

제22계명

:
특허
patent
특정 발명을
공개하는 대가
로 발명인한테
그 발명에 대한
독점권을 특정
기간 동안 부여
하는 일종의
지적재산권

:
비즈니스 모델
business
model
기업 업무, 제품
및 서비스의 전
달 방법, 이윤을
창출하는 방법
을 나타낸 모형

 원천 기술 **특허**만 가지면 경쟁 끝일까? "우리 기술은 이미 전 세계 10개국에 특허 등록을 해놔서 누가 우리 기술을 따라 하는 건 불가능합니다. 우리는 독보적으로 성공합니다."

그럴싸한 말이다. 난 많이 들어봤다. 그런데 급변하는 IT 업계에서 특허는 본연의 의미가 약해지고 있다. 특히 기술 혁신을 주도하는 실리콘 밸리에서 특허는 이제는 특별하거나 희귀한 게 아니라 일종의 일용품이 됐다. 요새 특허 한두 개 없는 스타트업을 찾아보기가 어려울 정도로 웬만한 스타트업은 자사 기술과 **비즈니스 모델**을 특허로 보호하고 있다.

특허를 신청하고 승인을 받으면 경쟁사들이 자신의 기술을 모방하지 못할까? 그래서 경쟁사 걱정 안 하고 밤에 두 발 뻗고 잘 수 있을까?

절대로 그렇지 않다. 이제 특허는 지적재산권 지킴이가 아니라 그저 경비견이다. 도둑은 굳이 경비견 있는 집을 털려고 하지는 않는다. 이게 억제력(抑制力)이다. 하지만 억제력만으로는 절도를 막지 못한다. 이런 인식은 실리콘 밸리에서 뚜렷하다.

예를 들면 우리 벤처가 웹에서 문서를 관리·열람하는 혁신적 알고리즘을 개발해서 특허를 등록했다고 하자. 그런데 어떤 경쟁업체가 우리와 비슷한 서비스를 구상하고 우리 특허를 검색해서 발견했다. 그러면 경쟁업체는 같은 비즈니스를 할지 안 할지 고민한다. 이게 특허의 억제력이다.

독점을 보장하지 않는다

그러나 물건이 정말 탐나면 도둑은 일을 강행한다. 시장의 가능성이 크면 대부분의 스타트업은 특허에 연연하지 않고 서비스를 개발해서 시장 진출을 시도한다. 나중에 특허 때문에 소송이 걸릴 수 있지만, 특허법에는 빠져나갈 구멍이 많기 때문이다.

특허 그까이꺼, 맞불 질러

첫째, '맞불' 특허를 내면 된다. 기존 특허가 '웹에서 문서를 저장하고 열람할 수 있는 알고리즘'이라고 하자.

새로 내는 특허를 '인터넷과 웹 브라우저상에서 마이크로소프트 오피스 문서 및 타 워드 프로세서 문서를 클라우드에서 관리하고 웹 인터페이스를 통해서 열람할 수 있는 기술'로 수정하면 된다.

특허라는 게 '어' 다르고 '아' 다르다. 실제로 미국 특허상표국에서 특정 단어로 특허 검색을 하면 비슷한 내용의 특허가 허다하다. 물론 비슷한 내용의 특허를 신청하면 특허상표국에서 거부할 수도 있지만 계속 수정해서 신청하면 성공하는 경우도 있다.

뮤직쉐이크가 특허를 출원할 때도 이미 '인터넷을 통해서 음악을 만들 수 있는 소프트웨어' 관련 특허가 많았다. 한가락 하는 특허 변호사를 써서 문구를 적절하게 수정하니 특허 등록에 성공했다.

둘째, 특허 소송은 돈이 해결사다. 미국에서 특허 침해는 형사 소송이 아니라 민사 소송 몫이다. 민사 소송은 결국 돈 싸움이다.

특허 보유 기업의 변호사는 자사 특허를 침해하는 제품이나 기업 목록을 이미 꿰고 있다. 다 고소하지는 않고, 잘나가는 기업만 엄선해서 소송을 건다. 돈 없는 작은 벤처를 고소해 봤자 인건비도 안 나오기 때문이다.

소송에서 지면 작은 벤처는 그냥 회사 문 닫으면 된다. 벤처가 주식회사라면 창업자 개인에게 연대책임이 없다. 창업자가 신용불량자 될 일도 물론 없다.

반대 관점에서 특허 침해를 알고도 뻔뻔하게 서비스를 하는 회사는 회사가 크게 성장하기 전까지는 소송 걱정 안 한다. 회사가 커지면 돈 좀 있다. 주식도 값어치가 있다. 돈으로 합의하고 특허 사용료를 지급하면 된다.

⁙⁙⁙⁙⁙⁙⁙⁙⁙

실제 특허 침해 사례를 살펴보자. 2011년에 데이팅 서비스인 J데이트가 동종 데이팅 서비스인 2레드빈스, 주스크, Ok큐피드를 고소한 사건이 있었다.[1] J데이트의 '인터넷상에서 사람들이 서로에게 상호 호감을 느끼거나 관심이 있는 걸 정확하게 탐지하는 기술' 특허를 경쟁사들이 침해했다는 주장이다.

소송 시점이 재미있다. J데이트는 주스크, Ok큐피드의 특허침해 사실을 수년 동안 알고도 느지막하게 이제서야 고소를 했다. 반대 입장에서 주스크와 Ok큐피드는 서비스를 시작하기 전에 관련 특허의 존재를 알았으리라. 그래도 그냥 서비스를 개발했고 성공적인 사이트로 발전했다.

⁙
1
"JDate Slaps Zoosk, OkCupid, And 2RedBeans With Patent Lawsuit Over Secret Admiring." *TechCrunch*, 2011

A patent is as strong as a paper tiger

한편, J데이트는 소송으로 금송아지를 건질 때까지 기회를 노렸다. 결과는 확인할 길이 없지만, 아직도 주스크와 Ok큐피드가 간판을 안 내린 것을 보면, 적당히 합의하지 않았을까.

특허는 경쟁사의 출현을 막을 수 없다.

§ § §

빨리 똑소리 나는

제23계명

프로토타입을 잽싸게 만들어서 시장에 냈는데 고객한테 욕만 먹는 경우가 있다. 프로토타입을 오해하면 발생하는 실수다. 프로토타입은 핵심 기능만큼은 제대로 작동하는 제품이다. 모양만 있는 제품을 내놓으면 곤란하다.

프로토타입은 '준비된' 제품이다. 준비된 제품이란 에릭 리스가 《린 스타트업》에서 주장하는 MVP다. '최소 실행 가능 제품', *Minimum Viable Product*의 약자다. MVP는 출시하기 위한 최소한의 기능만 제공한다. 보통 얼리어답터와 같은 소수 잠재 고객에게 먼저 공유를 한다. 이런 고객이 불완전한 제품의 가능성을 잘 파악하고 생산적인 의견을 주기 때문이다.

MVP는 2군 에이스

MVP의 기본이 되는 사상은 고객을 발견하고 고객의 애로사항을 파악하는 것이다. 빨리 제품을 시장에 내면 고객 성향을 빨리 배울 수 있다. 그래서 창업자는 고객이 관심 없는 기능엔 시간을 허비하지 말고 고객의 가려운 곳을 긁어주는 제품을 빠르게 내야 한다. 그래야 남들보다 빠르게 배울 수 있다.

내가 말하는 프로토타입과 MVP는 같다고 생각하면 된다. 사실 에릭 리스의 MVP는 우리가 보통 말하는 프로토타입보다는 완성도가 훨씬 떨어지며, 어떤 고객들은 MVP는 제품으로써 너무 준비가 안 됐다는 느낌을 받을 수도 있다. 여기 MVP를 성공적으로 활용해서 비용과 시간을 절감한 두 가지 사례를 소개한다.

MVP를 만들라

> 1
> "Creating the Lean Startup." Inc., 2011

IMVU는 에릭 리스가 2004년에 공동 창업한 아바타 기반의 커뮤니케이션 서비스다.[1] 지금은 서비스 방향을 틀어서 3차원의 가상 공동체와 게임을 제공한다.

못 걸으면, 순간 이동!

IMVU 창업 초기의 아바타는 화면 안에서 이동하지 못했다. 가상 세계에서 아바타를 움직이는 기술 개발이 쉽지 않아서다. 당시 모든 비디오 게임의 캐릭터는 화면 안에서 이동할 수 있었지만, IMVU 팀은 이 기술을 빨리 개발해낼 자원이 없었다. 하지만 어정쩡한, 수준 이하의 기능을 내고 싶지는 않았다.

에릭 리스는 꾀를 냈다. 사용자가 화면의 원하는 곳을 클릭하면 그곳으로 아바타가 순간적으로 이동하게 했다. 당시 IMVU의 사정상 화려한 그래픽이나 음향 효과를 제공할 수 없었기에, **아바타**는 사라졌다가 클릭한 곳에 다시 나타나는 단순한 기능이었다.

> 아바타
> avatar
> '나의 분신'이라고 불리는 온라인상의 캐릭터. 사용자는 자신의 캐릭터를 유·무료로 치장할 수 있다

에릭 리스가 배워보고자 한 점은 과연 사용자가 이런 간단한 이동에 만족하는지였다. 예상을 깨고 사용자는 걷지 않고 순간이동하는 아바타가 빠르다고(!) 좋아했다. IMVU에서 서비스 설문조사를 하면 순간 이동 기능은 항상 후한 점수를 받았다. 뚝딱 만든 기능으로 사용자가 늘었고 매출도 늘었다. 더 많은 고민, 시간, 비용 그리고 인력이 투입된 기능보다 효자 노릇을 해냈다. 만약 IMVU가 총력을 기울여 아바타 이동 기능을 완성도 높게 개발했다면 그동안 회사는 자금이 없어 망했을지도 모른다. 또는 다른 경쟁사가 출현해서 시장을 장

악했을지도 모른다. IMVU는 이런 MVP 접근 방식을 전격 도입해서 시간과 비용을 크게 절감하면서 경쟁에서 앞서 나갔다.

토탈 영상 편집 앱, 뭐하게?

뮤직쉐이크 음원이 사용된 유튜브 동영상이 조회될 때마다 유튜브 광고 수익이 발생하며 뮤직쉐이크는 수익 일부를 받는다. 2011년 한 해 동안 뮤직쉐이크 음원을 배경음악으로 사용한 동영상 약 25만 개가 유튜브에 등록됐다. 동영상 총 조회 수는 10억 번을 넘었다.

이때 우린 스마트폰으로 찍은 동영상을 음악 없이 바로 유튜브에 등록하는 사용자가 급증하는 추세를 포착했다. 그래서 동영상에 음악을 입혀주는 아이폰 앱을 만들어 이런 사용자를 흡수하면 어떨까 고민했다. 고민 끝에 음악과 동영상을 모두 편집한 후에 유튜브에 올려주는 토탈 영상 편집 앱을 만들자는 안이 나왔다. 그런데 동영상 편집 앱은 단시간에 만들기 어렵고 이미 시장에 나온 수많은 동영상 편집 앱들과 우리 앱을 차별화할 뚜렷한 전략이 없었다.

우린 일단 기본 기능만 갖춘 앱을 내보고 고객의 반응을 보기로 했다. 결과물은 개발자 한 명이 한 달 만에 만든 유튜브 프로듀서 앱이었다. 기능은 아이폰으로 촬영한 동영상 자체는 편집 없이 놔두고 뮤직쉐이크 음원을 입혀서 유튜브에 등록하는 간단한 것이었다. 과연 이런 간단한 기능이 먹힐까?

음원(音源)
실제 악기를 직접 연주하면 나타나는 소리. 혹은 해당 악기의 소리를 특정한 매체에 기록했다가 필요할 때 소리로 환원하여 사용

Create an MVP fast & iterate

> 앱 스토어
> App Store
> 애플이 운영하는 아이폰, 아이패드용 응용프로그램 다운로드 서비스

결과는 성공이었다. **앱 스토어**에 등록된 지 한 달 만에 우리 앱은 10만 번 이상 다운로드됐고, 몇몇 나라에서는 앱 스토어 1위를 차지했다. 아이폰 사용자들은 우리 앱으로 동영상을 유튜브에 열심히 등록했다. 그리고 우리는 영상 편집 기능보다는 (뮤직쉐이크가 이미 저작권 문제를 해결해서) 저작권 걱정 없는 수준 높고 다양한 음악을 원한다는 것을 파악할 수 있었다.

우리가 한 달 만에 개발한 유튜브 프로듀서 앱은 과거에 일 년 이상의 시간과 인력을 투자해서 개발한 다른 앱보다 훨씬 수익성이 높았다.

만약에 우리가 MVP를 만들지 않고 처음부터 많은 인력과 시간을 투자해서 영상 편집 앱을 개발했다면 회사에 큰 손해를 입혔으리라.

엄밀히 말하면 MVP는 '제품' 자체보다는 오히려 '전략'이다. MVP는 고객이 원하지 않지만, 만드는 데 공은 많이 드는 제품 출시를 사전 차단한다. 동시에 싸고 빠르게 고객 목소리를 전달해준다.

MVP 전략을 효과적으로 쓰면 야심만만하게 공들여 낸 기능이 헛수고로 전락하는 사고를 막을 수 있다. 실은 MVP가 새로운 용어는 아니다. 원래 있던 말인데 연쇄 창업자 에릭 리스의 저서 《린 스타트업》에서 여러 번 강조되면서 갑자기 실리콘 밸리의 유행어가 됐다.

덜 분석하고 자주 실험하라

제24계명

 분석은 복잡한 사물이 있으면 이를 단순한 요소로 쪼개고 개개의 요소를 파악해서 사물 내부의 인과관계를 이해하는 과정이다. 인과관계가 나오면, 무엇이 초기 원인을 만드는 독립변수고, 무엇이 독립변수에 종속되는 종속변수인지 명확해진다.

모든 가능성을 면밀하게 분석한다고 사소한 결정 하나 하는데도 며칠을 고민하고 동네방네 조언을 구하지만, 첫 삽도 못 뜨는 창업 지망생이 많다. 주로 창업을 못 해본 새내기다. 내 진단으론 분석 마비증이다. 분석 마비증은 상황을 너무 과도하게 분석해서, 결정을 아예 못 내리고 사고가 마비되는 경우를 말한다. 정답이 없는 데 계속 '죽느냐 사느냐'를 고민하는 '햄릿'형 정신질환이다. 분석 마비증 환자는 처음부터 완벽한 해결책을 찾기 때문에 부정적 결과가 나올 가능성이 있으면 결정을 전혀 못 내린다. 내일 하늘이 무너지면 어쩌나 두려워하지만 아무런 행동도 하지 않는다.

이제 불러봅니다, 아버지 – 성공 올림

벤처를 운영하려면 때론 위험한 결정을 내려야 한다. 상황을 분석하는 습관은 좋다. 하지만 "만약에 잘못되면?"이라는 답이 안 나오는 덫에 걸려 아무 결정도 못 하면 내 벤처는 피가 돌지 않아 죽는다. 창업자는 불확실성이 있어도 계속 시기적절한 결정을 해서 비즈니스를 진행해야 한다. 실수하면 큰일이라는 공포에 휩싸이면 사고가 마비된다. 이런 창업자 너무 많다.

Think less & experiment more

분석 마비증과 비슷한 질환에는 신경쇠약증이 있다. 세계적인 신경쇠약증 환자이자 영화감독 우디 앨런은 "당신이 실패를 멈추는 순간, 당신의 혁신은 끝이다"고 도리어 우리에게 충고한다. 즉, 혁신적인 일을 하려면 실패를 두려워 말고 전진해야 한다는 뜻이다. 성공 경력이 쟁쟁한 선배 창업자 아무나 잡고 물어보라. 실수 없이 성공한 사람은 없다. 실수하기 싫으면 집에서 잠만 자면 된다. 소개팅에서 거절당하기 두려우면 소개팅 자체를 아예 안 하면 되는 것처럼 말이다.

스타트업의 성공을 결정짓는 건 바로 창업자가 실수·실책을 마주하는 자세와 태도다. 실수를 복기해서, 새로운 걸 배우고 깨닫고, 잘 써먹으면 성공 기반이 된다.

분석 마비증에 빠지지 말라는 건 최종 결정권자인 창업자에게만 주는 충고다. 경영 컨설턴트에게 분석 마비증은 독이 아니라 오히려 약이다. 경영 컨설턴트는 발생 가능한 모든 상황과 가설에 대한 '*what-if*' 시나리오와 해결책을 준비하는 분석가다. 분석 마비증이 있으면 상사가 예뻐한다.

1996년 알타비스타는 야후!에 검색 서비스를 독점적으로 제공하기 시작했다. 이후 여러 소유주를 거쳐 2003년 야후!에 인수됐다. 그런데 1998년 래리 페이지와 세르게이 브린이 구글을 창업했을 때 과도한 분석을 했다면, 당시 세상을 지배하던 알타비스타 서비스에 정면 도전한다는 게 얼마나 무모한 것인지 100만 가지 이유를 댈 수 있었을 것이다.

페이스북도 마찬가지다. 당시 소셜 네트워킹 세계는 마이스페이스가 대세였는데, 마크 저커버그가 이런저런 가상 시나리오를 따지며 분석만을 했다면 페이스북은 탄생하지 못했을 것이다. 논리로 따지면 시장 지배자에게 대드는 건 미개한 만용이기 때문이다. 저커버그는 기본적인 대응 전략은 생각해놨겠지만 일단 시작을 했고 다양한 실험을 했다. 그리고 문제점이 나오면 재깍 대응했다. 결국, 아직도 진행형이지만 걸작을 만들었다.

기업용 트위터라고도 불리는 서비스 야머의 창업자는 스타트업 운영을 포커에 비유한다. 그만큼 불확실성투성이며, 감(感)이 중요하단 의미다. 특정 상황에서 많아야 60%의 정보만으로 속전속결을 해야 하므로, 분석에 사로잡히면 절대로 스타트업을 할 수 없다고 한다.[1] 창업자의 이런 빠른 결정능력 덕분에 야머는 2012년 6월 마이크로소프트한테 현금 12억 달러에 인수됐다.

분석은 좋은 습관이지만 너무 과하면 문제다. 분석을 많이 하면 당연히 비교우위보다는 위험 요소가 더 많이 나온다. 스스로 자신감을 갉아먹지 말라. 나는 모든 창업자에게 덜 분석하고 더 실험하라고 말해주고 싶다.

§ § §

[1] "The Way I Work: David Sacks, Yammer." *Inc.*, 2011

하나만 잘하라

제25계명

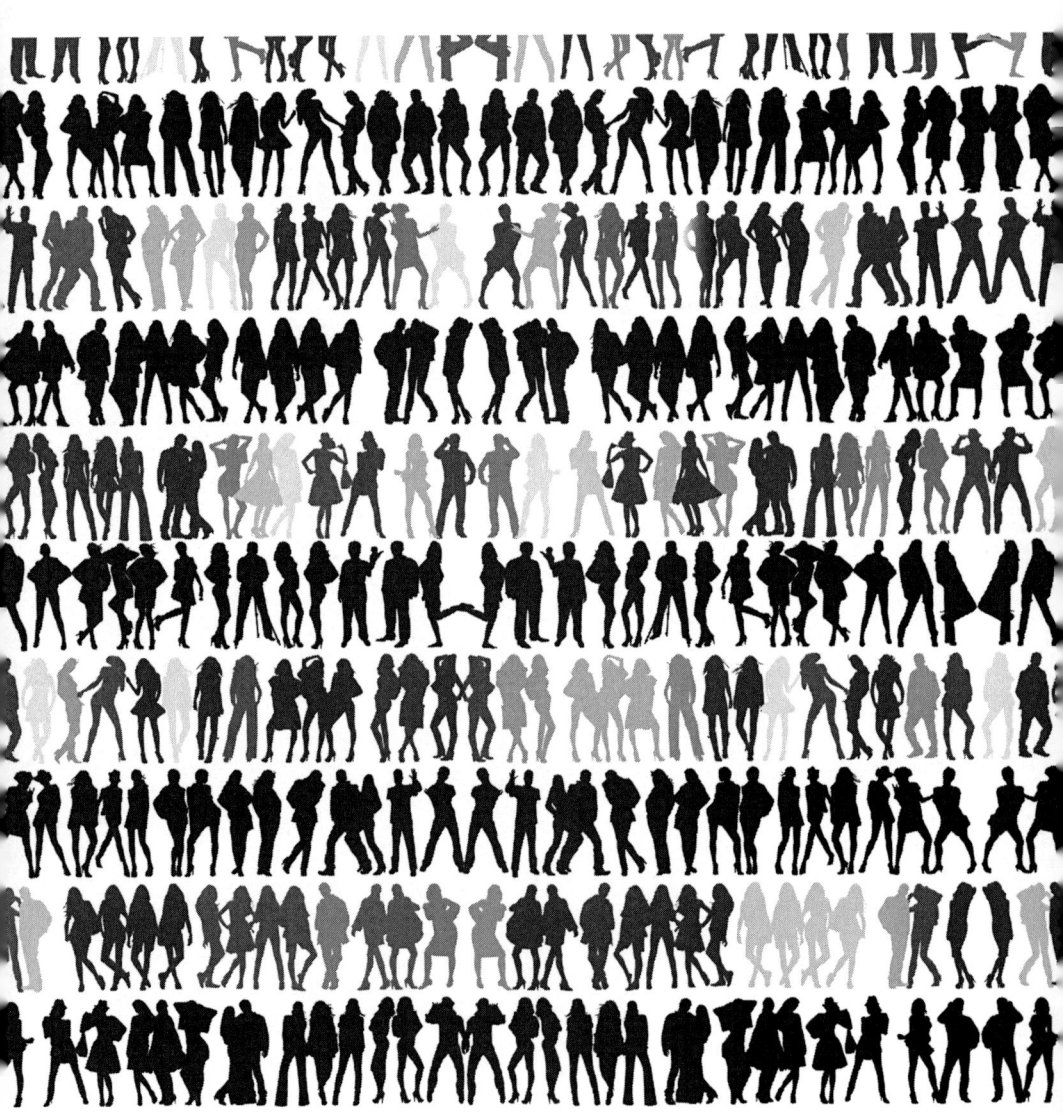

그림 O - CC BY 3.0, VectorGoods.com

Focus on ONE thing

미국 최고의 MBA 과정을 밟다가 뮤직쉐이크에 투신해서 4년 4개월 동안 운영했다. 뒤를 돌아보면 나는 목표 달성보다는 실수와 실책을 훨씬 많이 했다. 다시 처음부터 뮤직쉐이크를 운영한다면 뭘 다르게 할까?

대답은 바로 '선택과 집중'이다. 벤처건 대기업이건 직장생활을 좀 해보신 분은 선택과 집중이 얼마나 중요한지 안다. 특히 자금과 인력이 턱없이 부족한 초기 벤처는 그릇된 선택 한 번으로 회사가 주저앉을 수도 있기 때문에 더욱 중요하다.

> **서브프라임 모기지 사태**
> subprime mortgage crisis
> 2007년에 발생한 비우량 주택담보 대출 사태. 미국의 TOP 10에 드는 초대형 모기지론 대부업체가 파산하면서 시작됐다. 미국만이 아닌 국제금융시장에 신용 경색을 불러온 연쇄적인 경제 위기

미국에서 **서브프라임 모기지 사태**가 기승을 부리기 전인 2008년 초에 뮤직쉐이크의 직원은 한때 35명이었다. 우리는 PC 클라이언트·웹 서비스·모바일 서비스를 준비했고, 한국·미국·일본 시장을 노렸다. 적은 인력으로 일을 많이 벌인다고 주위에서 우려했지만 우리는 제품은 하나라고 했다.

> "제품군이 많아 보이지만, 같은 뮤직쉐이크 엔진을 사용하기 때문에 근본은 같습니다. 그래서 현 인력과 비용으로 다양한 제품을 만들어서 성공할 수 있습니다."

솔직히 그렇게 생각했다. 음악 엔진은 개발해놨으니 껍데기만 다르게 포장하면 여러 나라 시장을 상대로 서비스하는 게 가능해 보였기 때문이다.

우리는 불경기를 겪으면서 절반 이상의 인력을 내보내고 남은 14명으로 웹과 모바일 서비스에만 집중하기로 했다. 그러나 우리는 기대만큼 성장 못 했다.

개인적으로 돌이켜보면, 웹과 모바일 서비스 2가지도 무리였다. 딱 한 가지 제품에 집중해서 죽기 살기로 덤벼야 하는데 모자란 자원을 2개의 제품에 분산시켜서 잘빠진 서비스가 안 나왔다.

사용자가 쓰고 싶어하는 서비스를 만드는 건 쉽지 않다. 우리는 간혹 단순한 아이폰 앱이나 게임을 하며 "뭐 이런 게 인기야? 나도 이 정도는 만들겠다"고 생각한다. 나는 그러면 직접 만들어 보라고 권장하고 싶다. 수천만 명이 쓰는 서비스는 단순히 포장이 좋거나 기능이

하나만 잘하라

CC BY,
allvectors.com

많아서 인기가 있는 게 아니다. 사용자가 우리가 보지 못하는 기능에 매료되어 매일 그 서비스를 이용하는 것이다. 사용자가 계속 찾게 하는 기능을 발견하는 건 집중력, 자원, 시간이 걸리는 반복의 과정이다.

내 경험을 공유해본다. 기존 음악을 리믹스할 수 있는 뮤직쉐이크의 아이폰 앱이 시장에서 기대보다 저조한 성적을 보였다. 나는 좌절했다. 이렇게 재미있는 앱을 왜 사람들이 사지 않을까 고민했지만, 답을 몰랐다.

이때 한 음악 관련 행사에서 케이티(Kathleen)를 만났다. 사운드하운드의 영업·마케팅 이사 케이티는 모바일 업계에서 잔뼈가 굵은 전문가라서 나한테 사려깊은 조언을 해줬다. 케이티의 충고는 아직도 내 머릿속에서 메아리치고 있다. 일하면서 집중력이 떨어질 때마다 나는 케이티의 말을 새긴다.

❝기홍, 우리 회사에 개발자가 얼마나 있는지 아니? 14명 이상이야. 대부분이 스탠퍼드에서 전산학을 전공한 수재다. 이들이 끊임없이 고민·수정·실험·개발을 해서 나온 결과물이 우리 제품이야. 그만큼 시장에서 먹히는 서비스를 만들기가 어려워.

"그런데 뮤직쉐이크는 개발자가 다섯도 안 되고 아이폰 앱 담당은 하나라고? 남다른 서비스는 대충 해서 나오지 않아. 아무리 단순한 앱이라도 인기를 끌려면 수십 명의 개발 인력, 오랜 시간과 고민이 필요해."

나라면 올인하겠어

냉정하지만 경험에서 우러나오는 따뜻한 충고였다.

> "그러면 당신이(케이티) 지금 내 입장이라면 어떻게 하겠나요?"

> "나라면 뮤직쉐이크의 제품군을 놓고 회사의 모든 인력이 각 제품의 가능성을 평가하게 하겠어. 그리고 '딱 하나'만 선택해서 모든 자원을 올인하겠어. 좋은 성과가 있을 거야."

케이티가 이렇게 똑 부러진 말을 해 줄 수 있던 힘은 비슷한 난관에 빠졌다가 기사회생했던 경험이다. 케이티가 영업·마케팅을 책임진 사운드하운드는 2008년에 웹 기반 서비스로 출발했는데, 사용자 수는 엄청났지만, 수익모델이 없었다. 아이폰 앱 시장이 열리자 앱을 냈지만 기대만큼 인기가 없었다. 이때 자금이 바닥을 보이자 경영진은 현 비즈니스를 재검토했다. 결론은 '한 놈만 가져가자'였다. 웹과 앱 두 놈 다 잡기에는 회사 역량이 부족하다고 판단했다. 돈 되는 아이폰 앱을 택했다. 6개월간 앱 기획·개발·실험에만 집중했다.

사운드하운드는 아이폰 앱을 선택한 순간 다른 모든 프로젝트와 업무를 즉시 중단했다. 우리라면 기존 프로젝트를 유지할 인은 남겼을 법한데 이들은 독한 결정을 내렸다. 추호의 미련도 없이 단 하나에 '올인'했다. 사운드하운드는 이런 배짱과 결단으로 위기를 극복했다. 동시에 사운드하운드의 미래 전략도 명확해졌다.

Focus on ONE thing

이 바닥, 하나로도 힘들다

내가 뮤직쉐이크를 하면서 꼭 제휴하고 싶었던 회사 중 애니모토라는 뉴욕 기반의 스타트업이 있다. 동영상 편집 기술이 없는 일반인도 애니모토를 사용하면 5분 이내에 뮤직비디오 감독이 만들었나 싶은 높은 수준의 동영상을 직접 제작할 수 있다.

애니모토의 사업개발 담당자인 조나스(Jonas)는 내 제휴 요청을 퇴짜놨다. 애니모토 서비스의 핵심은 동영상 제작이며, 회사 모든 자원의 우선순위는 동영상 제작 서비스라고 설명한다. 물론 음악은 동영상 제작의 주요 요소긴 하지만 동영상 제작 서비스를 완벽하게 궤도에 올려놓은 후에야 신경을 쓸 수 있다고 했다.

심지어 나는 자존심을 굽히고 모든 개발을 뮤직쉐이크에서 진행할 테니 애니모토는 통합작업만 도와달라는 제안을 했지만 그래도 조나스는 거절했다. 조나스의 반응은 차갑지만 의미심장했다.

> ❝기홍, 고맙지만 우린 여력이 없어. 우리 서비스가 완성도가 높아 보이지만, 경쟁자를 제치고 하루가 다르게 입맛이 변하는 변덕스러운 소비자의 비위를 맞추려면 동영상 제작에 집중해야 해. 그래도 성공하기 어려운 게 이 바닥이야."

솔직히 당시에는 이런 거저먹는 기회를 왜 거절을 하는지 이해하지 못했다. 하지만 경험이 쌓이니 애니모토의 처지를 이해하게 됐다. 살아남으려면 집중해야 한다.

넥슨 김정주 회장도 '집중'을 강조한다.

> **❝** 게임에만 집중할 겁니다. 미디어 회사가 될 생각도 없고, 그럴 여력도 없습니다. 게임만 잘하려고 해도 어렵습니다. 아직 넥슨이 개척하지 못한 해외 시장도 많고 넥슨은 스포츠 게임에서 성과를 보인 게 없습니다. 게임 분야에서도 넥슨은 더 노력해야 합니다."[1]

1
〈'시대'를 읽고,'사람'을 찾는 게임 업계의 신화〉,《한국경제매거진》, 2012

콩알을 쪼개 분산 투자

역량이 없는데도 여러 가지 제품을 개발하는 한 벤처 CEO는 나한테 이런 말을 했다.

> **❝** 어떤 서비스가 시장에서 인기가 많을지 모르겠어요. 그래서 제품을 여러 개 내놓고 반응이 제일 좋은 놈에 집중하려고요. 주식 투자하는 사람들도 왜 그러잖아요. 포트폴리오를 분산해서 위험 요소를 분산시키라고요."

대기업은 충분한 돈과 자원이 있기 때문에 이러한 확률 게임을 해도 좋다. 백 개의 제품을 개발하고 그 중 한 개만 히트를 해도 회사가 먹고 산다. 자원이 콩알만 한 벤처한테 포트폴리오 분산은 바로 콩알 쪼개기다. 걸작을 만들 확률을 극대화하자. 흩어지면 죽는다. 지금은 나도 창업자에게 선택·집중을 항상 암송하고 다니라고 조언을 해준다.

- **한 가지 제품** – 생각 같아서는 모두 다 할 수 있을 거 같지만, 현실은 절대로 그렇지 않다. 여러 가지 제품을 생각한다면 다 접고 딱 하나만 선택하라. 앞으로 회사를 크게 성장시키면서 동시에 회사에 돈을 벌어다 줄 수 있는 제품 한 가지만 선택하고 집중하라.

- **한 가지 기능** – 한 개의 제품을 선택했다면, 여러 가지 기능으로 승부를 걸지 말고 딱 한 가지 기능만을 선택하라. 음악을 만드는 서비스라면 경쟁자보다 음악을 잘 만들 수 있게 하는 기능에 집중하라. 고깃집이라면 식당 실내장식이나 반찬이 아닌 맛있는 고기를 제공하는 데 집중하라.

구글의 시작은 간단했다. 래리 페이지와 세르게이 브린은 그 누구보다 검색을 잘 이해했으며, 검색 하나에만 집중해서 성공했다. 물론 지금의 구글은 비즈니스를 엄청나게 다각화해서 온라인 광고의 제왕이 됐다. 하지만 아직도 구글은 서비스의 기본은 검색이라는 걸 잊지 않고 있다. 그래서 아직도 수백 명의 인력이 검색 엔진을 향상하고 지속적인 실험을 한다.

아마도 독자분 중 앵그리 버즈를 안 해보신 분은 없다고 생각한다. 2009년 말에 나온 로비오 사(社)의 앵그리 버즈는 우리 시대 최고의 **캐주얼 게임**이다. 지금까지 총 5억 번 넘게 다운로드되고 2010년과 2011년에 수많은 상을 받았다.

> 캐주얼 게임
> casual game
> 가볍게 게임을
> 즐기는 다수를
> 겨냥한 게임

앵그리 버즈가 블리자드의 '월드 오브 워크래프트'나 엔씨소프트의 '리니지'처럼 복잡하고 높은 사양 컴퓨터가 필요한 게임은 아니다. 그냥 단순하게 스마트폰에서 돌아가는 0.99달러짜리 게임이다. 누가 봐도 단순하고 반복적이지만 중독성이 높다.

게임 개발자라면 이런 게임은 한 달 안에 만들 수 있다고 생각할 텐데 막상 해보면 그렇게 쉽지는 않다. 이미 앱 스토어에는 앵그리 버즈 유사 게임이 수없이 나와 있지만 어떤 게임도 앵그리 버즈만큼 인기는 없다. 앵그리 버즈의 개발사인 로비오는 자만하지 않고 지속해서 앵그리 버즈를 연구하고 고민하기 때문이다.

은 도끼 천 개를 버리거라

이런 전략은 대기업도 사용한다. 2008년 한 인터뷰에서 스티브 잡스는 집중을 강조했다.

> 66집중의 의미는 다른 좋은 100가지 후보를 내치는 겁니다. 신중하게 골라야 합니다. 저는 사실 제가 실행했던 일만큼 실행하지 않았던 일을 자랑스러워 합니다. 혁신은 1,000가지 후보를 내쳐야 가능합니다."[2]

실제로 스티브 잡스는 1998년 기존 애플 350개 제품군을 단 10개로 축소했다. 하나만 선택해서 집중하자.

2
"Steve Jobs speaks out."
Fortune,
2008

≡ ≡ ≡

프리미엄(Freemium)

제26계명

요즘 IT 서비스나 앱의 수익 모델은 대략 세 종류다:

1. 서비스를 무료로 제공하고 수익은 광고에 의존하는 무료(free) 모델
2. 광고를 전혀 노출하지 않지만, 서비스 자체를 유료로만 제공하는 유료(premium) 모델
3. 광고와 서비스를 적절히 혼합한, 최근에 가장 주목받는 프리미엄(freemium) 모델

프리미엄은 무료인 free와 고급/유료인 premium을 혼합한 신조어다. 기본 기능은 무료지만 그 이상의 고급 기능은 유료다.

샘플만 써봐도 알아요

프리미엄 모델의 기본 개념은 일단 무료로 제품을 보급해서 사용자를 단시간에 대량 확보한 후 기본 기능을 보완하는 고급 기능을 유료로 판매하는 것이다.

패키지 소프트웨어 제조사가 써보고 좋으면 사달라고 내놓는 시험 버전과 비슷하다. 프리미엄 수익 모델을 잘 활용하는 제품을 살펴보자.

- **샤잠(Shazam)**은 음악 찾기를 하루에 5번으로 제한하지만, 돈을 내면 음악 찾기가 무제한이다.
- **드롭박스**는 기본 저장 공간으로 2GB를 주는데 월 9.99달러를 내면 50GB로 늘려준다.

서비스로 미끼를 던지라

- **에버노트**는 월 업로드 데이터 용량을 60MB로 제한하지만, 월 5달러를 내면 1,000MB로 늘려준다.
- **앵그리 버즈**는 게임 레벨을 제한하지만 돈을 내면 상위 레벨을 즐길 수 있다.
- **판도라**는 광고가 붙는데 연 36달러면 광고가 빠진다.

대부분의 무료 버전은 기능을 제한한다. 사용자는 무료 버전을 써보고 흡족하면 모든 기능을 제한 없이 쓰려고 바로 유료로 전환한다. 이때 업체에서는 무료 버전의 기능 제한 범위를 정하는 게 골칫거리다. 기능을 너무 제한하면 사용자가 서비스가 시시하다고 느껴서 영영 떠날 수 있다. 반대로 기능이 충분하면 사용자가 유료 전환을 안 한다.

이런 고민에 대한 차선책을 제공하는 프리미엄 모델의 서비스들이 최근 들어 등장했다. 그 대표적인 예가 바로 에버노트다. 2011년 11월 기준으로 에버노트의 무료 버전과 유료 버전의 차이점은 파일 저장 용량 딱 하나다. 무료 버전은 월 60MB의 저장공간을 제공하고, 월 5달러의 유료 버전은 1,000MB를 제공한다. 저장 공간을 제외하고 제한 기능은 없었고, 일반인은 월 60MB로도 충분했기 때문에 유료로 전환할 이유가 없다.

실제로 에버노트의 무료 서비스 전체 등록자 중 0.5%만이 첫 30일 안에 유료 서비스로 전환했는데 전통적인 프리미엄 모델의 서비스로써 매우 낮은 수치다.[1]

1
"Evernote: Company of the Year."
Inc.,
2011

창업자 필 리빈의 철학은 '사용자가 에버노트에 많은 정보"를 저장하면 결국에는 유료로 전환한다'다. 노트·사진·정보·식당·친구 등 결국 개인의 인생이 에버노트에 고스란히 저장될 것이며 사용자는 인생의 수년 치 기억을 간직하려고 소액의 월 회비를 기꺼이 낸다.

필 리빈이 생각하는 에버노트의 가장 큰 위험요소는 무료 버전의 기능이 너무 제한적이어서 사용에 불편을 주는 것이다. 필 리빈은 시간이 지나면 어느 고객이나 유료로 전환하리라 낙관한다.

사랑은 유료로 말해요

일단 고객이 제품을 사랑하면 결국에는 돈을 낸다는 게 필 리빈의 지론이며, 필 리빈은 고객들이 지금 당장 돈을 내는 것보다는 오히려 돈을 내지 않아도 계속 서비스를 사용하는 장기전략이 진정한 프리미엄 모델이라고 주장한다. 숫자가 받쳐주니 할 말 없다. 에버노트의 신규 사용자 중 0.5%만이 첫 30일 안에 유료 서비스로 전환하지만, 비율은 시간이 갈수록 급격히 증가해 1년 후에는 무려 8%나 된다.

7.5기가 어디가

구글의 이메일 서비스인 G메일도 별 다르지 않다. 기본적으로 무료 서비스인 G메일은 7.5GB의 메일박스 용량을 기본으로 준다. 일반인이 평생 사용하고도 남는 용량이다. 다만, 나 같은 사람은 7.5기가도 모자란다. 이메일을 지우기도 싫고 지울 이메일 선별 작업도 피곤하다.

The Freemium model is hot

그래서 5달러를 내고 20기가를 추가했다. G메일이 살아있는 한, 나는 평생 매년 5달러를 낼 테니 한마디로 평생 고객이다.

하지만 제품이 왕이다. 제품이 좋지 않으면 무료·유료·프리미엄·전략 다 소용없다. 잡초를 장미로 키우라.

§ § §

영업·마케팅에 돈 낭비 말라

제27계명

> **스타트업은 마케팅에 한 푼도 돈을 쓰지 말아야 한다."**[1] 미국 동부 최고의 벤처캐피털인 유니온 스퀘어 벤처스의 프레드 윌슨이 한 말이니 새겨듣자. 포스퀘어, 엣시, 트위터, 징가 등 최고의 인터넷 스타트업에 투자한 윌슨의 논리는 간단하다.

스타트업의 가장 효과적인 마케팅 무기는 바로 '제품'이다. 남다른 제품은 스스로 빛이 나기 때문에 별도의 마케팅이 필요 없다는 지론이다.

빈말이 아니다. 프레드 윌슨은 사업 계획서에 **마케팅** 비용 항목이 있는 스타트업에는 절대로 투자하지 않는다고 한다. 제품이 좋으면 굳이 마케팅을 안 해도 사용자가 알아서 제품을 발견하기 때문에, 돈을 쓰는 마케팅은 제품에 자신 없는 스타트업이나 하는 일이라고 한다.

물건, 좋아요?

모든 창업자는 프레드 윌슨의 말을 새겨듣자. 스타트업 초기의 가장 강력한 마케팅 무기는 바로 '제품'이며, 가장 강력한 영업 무기 또한 '제품'이다.

마케팅이란 무엇인가? 여러 가지 정의가 있겠지만, 궁극적으로는 제품을 고객에게 잘 알리는 작업이다. 과거에는 미래의 잠재 고객과 소통하는 게 어려워서 기업은 많은 마케팅 인력을 동원해서 다양한 매체를 통해 제품을 홍보했다.

1
"Marketing Is For Companies Who Have Sucky Products."
TechCrunch, 2011

마케팅
marketing
어떤 잠재적인 욕구를 자극하여 표면상으로 이끌어 내는 행위나 동기

Marketing is for losers

그러나 인터넷과 **소셜 미디어**는 게임의 규칙을 완전히 바꿨다. 이제 우리는 지구의 반대편에서 누가 어디서 뭘 먹고 있는지를 실시간으로 알 수 있는 연결된 세상에 산다. 가만히 있으면 알고 싶지 않아도 페이스북이나 트위터와 같은 서비스를 통해 다양한 정보가 우리의 시선을 잡는다.

예전에는 입소문이 인맥·국경·산·바다·강을 건너기 어려웠다. 하지만 소셜 미디어는 입소문을 무소부재의 신으로 만들었다. 진정으로 유용한 제품이라면 입소문은 아무리 꼭꼭 숨어도 우리를 찾는다. 사람은 좋은 게 있으면 친구·지인과 공유하고 싶어한다. 좋은 제품과 서비스는 발이 없어도 천 리를 간다.

> 소셜 미디어
> social media
> 소셜 네트워크의 기반 위에서 개인의 생각이나 의견·경험·정보 등을 서로 공유하고 타인과의 관계를 생성 또는 확장시킬 수 있는 개방화된 온라인 플랫폼

나? 돌산에 파묻힌 원석

뮤직쉐이크에서 1년을 준비해서 야심 차게 낸 리믹스 앱들은 인기가 없었다. 우리는 앱 스토어에 입점만 하면 상당한 입소문을 타고 전 세계를 정복하리라 기대했지만, 결과는 참담했다.

처음에 우리는 당시 애플의 앱 스토어에 올라가 있는 35만 개의 앱 사이에 우리 제품이 묻혀서 사용자들에게 '발굴'되지 않았다고 생각했다.

❝한번 발굴만 되면 대박 난다"는 기대를 하면서 돈을 써서 마케팅을 해야겠다는 생각마저 했다. 그러나 나는 현실을 인정했다. 우리 앱이 인기가 없었던 이유는 간단했다. 사용자가 보기엔 우리 앱이 별로라서다.

에버노트 직원은 약 100명인데 영업·마케팅 인력은 전혀 없다. 에버노트는 2011년에 이미 1,600만 달러의 매출로 흑자 전환을 했으며 전 세계 사용자 수는 1,500만 명에 육박한다. 그래도 영업 안 한다. 제품이 좋으니 고객이 고객을 부른다.

"제가 에버노트를 쓰고 있으면 남들이 어떤 제품인지 궁금해해요. 저는 아주 좋은 서비스라며 꼭 사용해 보라고 합니다. 제가 에버노트의 마케팅을 공짜로 해주는 셈이죠."[2] 한 에버노트 고객의 말이다.

호주 아틀라시안 사(社)는 소프트웨어 개발 생산성을 높여주는 제품기획 소프트웨어를 제공하는 스타트업이다. 2011년에 1억 200만 달러의 매출을 올렸지만 전 세계 450명의 직원 중 영업 인력은 단 한 명도 없다.[3] 역시 입소문이다.

스타트업의 초창기에는 창업자가 직접 발로 뛰는 마케팅이 필요하다. 창업자는 제품과 서비스를 직접 세상에 알려야 한다. 다양한 행사에 참석하고, 트위터와 페이스북과 같은 소셜 미디어를 활용하고 테크크런치 같은 유명 블로그에 기삿거리를 제공해야 한다. 또한, 창업자는 제품을 원하는 잠재 고객을 찾아서 제품의 가치를 알려야 한다. 그리고 실 고객으로 전환해서 고객이 자발적으로 제품을 홍보하게 해야 한다.

2
"Evernote: Company of the Year." *Inc.*, 2011

3
"Atlassian's 2011 Revenues Were $102 Million With No Sales People." *TechCrunch*, 2012

영업·마케팅에 돈 낭비말라

* 물론 제품이 자리를 잡으면 돈을 쓰는 마케팅이 필요하다. 경쟁사와 차별점을 부각하고 다양한 시장에 남보다 빨리 진출하려면 입소문으론 부족하다.

마케팅에 돈을 쓰기보다는 뛰어난 개발자와 디자이너를 채용해서 제품을 강화하는 데 자원을 쓰는 게 최고의 마케팅이라는 사실을 명심하길 바란다. 초창기에는 무조건 제품에 집중해라.

§ § §

봉이 김선달이 마케팅을

제28계명

 고객이 없는 유일한 이유가 미래의 잠재 고객이 아직 제품을 발견하지 못해서라고 착각하는 창업자가 많다.

'발견 가능성(discoverability)'의 문제라고 한다.

나를 발견해줘

과연 그럴까? 유니온 스퀘어 벤처스의 프레드 윌슨이나 나는 절대적으로 제품의 문제라고 생각을 하지만, 어쩌면 우리가 틀릴 수도 있다. 제품은 완벽한데 발견되지 않아서 아직 인기가 없을지도 모른다.

오늘도 이런 고민을 하는 창업자가 있다면 나는 간단한 실험을 한번 해보라고 권한다. 참고로 이런 실험이 무료는 아니다. 어느 정도 돈을 쓸 각오를 해야 한다. 그래도 그렇게 해서 제품의 진가를 발견한다면 충분하다.

뮤직쉐이크에서 있었던 일이다. 우리는 엄청난 노력을 들여서 미국 대형 음반사(record label) 유니버설 뮤직 그룹으로부터 유니버설이 저작권을 소유한 기존 음악 몇 개를 뮤직쉐이크 리믹스 앱에 사용해도 된다는 허락을 받았다. 첫 번째 앱으로는 마이클 잭슨이 데뷔했던 그룹인 잭슨 파이브 불후의 명곡 'ABC'를 마음껏 리믹스 할 수 있는 앱을 내기로 했다. 잭슨 파이브 리믹스 앱이 거의 마무리되자 우리는 돈을 조금 사용한 마케팅 캠페인을 진행해보기로 했다. 어렵게 음반사를 설득해서 구한 음원인 만큼 리믹스 앱의 성공 가능성을 보여주고 싶었다.

해도 제품이 나쁘면 황이다

바이러스 마케팅
viral
marketing
네티즌들이
이메일이나 다른
전파 가능한
매체를 통해
자발적으로
어떤 기업이나
기업의 제품을
홍보할
수 있도록
제작하여 널리
퍼지는 마케팅
기법. 바이럴
마케팅이라고
부르기도 한다
...

우리는 당시 앱 마케팅 전문업체 4인포를 썼다. 지금까지 4인포가 마케팅 한 앱 대부분은 시작 사흘 만에 앱 스토어 순위 상위 진입에 성공했기 때문에 우리는 없는 돈을 아껴서 마케팅 비용을 지출했다.

마케팅 캠페인은 적중했다. 시작한 지 다섯 시간도 안 됐는데 잭슨 파이브 리믹스 앱은 1만 번 이상 다운로드 되면서 앱스토어의 음악 순위 상위권에 진입했고 8위까지 올라갔다. 나는 이런 기세라면 우리 앱이 순위 1위까지 가서 수개월 동안 왕좌에 머무는 즐거운 상상을 하기도 했다. 그러나 캠페인이 끝나자마자 우리 리믹스 앱은 거짓말같이 순위 밖으로 밀려났고, 다운로드 수치도 정지했다. 우리는 다시는 순위 밖으로 사라졌다.

의미는 명확하다. 앱 스토어 순위 상위권에 진입한 순간 우리의 '발견 가능성' 문제는 해결됐다. 그러나 현실은 냉혹했다. 우리 제품은 바이럴 마케팅(= **바이러스 마케팅**)에 실패했다. 사용자에게 유용한 가치를 제공하지 못해서다. 돈을 쓰는 마케팅 캠페인을 시작하면 한 일주일이나 열흘 동안은 엄청나게 많은 사용자가 사이트를 방문하거나 앱을 다운로드한다. 너무나 많은 방문자 때문에 서버가 다운되기도 한다. 그런데 캠페인이 끝나고 사용자 수가 오히려 시작 전보다 줄기도 한다. 사용자도 부푼 기대를 하고 제품을 써보겠지만, 준비되지 않은 서비스를 접하면 바로 떠난다.

불만에 찬 고객은 절대 다시 돌아오지 않는다. 떠나도 그냥 떠나지 않는다. 친구와 지인에게 악의적인 경고를 하고 떠난다.

간혹 정말로 발견 가능성이 문제라서 제품이 인기가 없는 때가 있으며, 특정 계기 덕분에 제품이 세상에 알려지면서 엄청난 히트를 하기도 한다. 뉴욕에 기반을 둔 빈베리파이드가 좋은 사례다.

인터넷에선, nobody knows you're a dog

빈베리파이드는 온라인에서 사람의 배경과 신원을 확인해 주는 일종의 흥신소 서비스다. 경영진은 주로 대형 채용 사이트와 데이팅 사이트를 대상으로 영업했는데 아이디어 자체는 환영받았다. 그런데 반응과는 달리 실제 계약을 하겠다는 업체는 선뜻 나서지 않았다. 급기야 종잣돈 60만 달러를 거의 다 쓰고 5만 달러가 남는 상황이 발생했다. 경영진은 마지막 승부수로 기업이 아니라 일반인을 공략하기로 했다. '저 사람 이력서의 내용이 전부 사실일까? 이 남자가 사기꾼 아닐까?' 이런 고민 많이 하지 않겠느냐는 생각을 한 것이다.

남은 5만 달러로 미국 유명 케이블 TV에 광고를 내기로 했다. 2009년 7월 14일, 광고가 방송된 지 얼마 지나지 않아 빈베리파이드의 웹 사이트 방문자 수는 급증했고 곧 서버가 다운됐다.

> "마지막 도박에서 빈베리파이드의 잠재력이 증명됐습니다"고 경영진은 회고한다.[1] 2009년 빈베리파이드의 매출은 50만 달러였고, 2011년 매출은 1,100만 달러를 넘겼다. 제품은 완성도가 높았지만 적절한 시장을 찾지 못했고 시장의 사용자에게 발견되지 못했다는 문제점이 입증된 것이다.

[1] "Case Study: Josh Levy and Ross Cohen of BeenVerified." *Inc.*, 2011

Product is king

그러나 나는 빈베리파이드와 같은 사례는 거의 보지 못했다. 이 책을 읽는 창업자도 이런 경우는 거의 불가능하다는 현실적인 생각을 하는 게 좋다. 또한, 빈베리파이드가 TV 광고를 통해서 사용자들에게 발견된 후 많은 인기와 매출을 누릴 수 있었던 유일하면서도 가장 큰 이유는 바로 완성도가 높은 비범한 제품을 개발했기 때문이라는 걸 간과하면 안 된다.

§ § §

고객의 말을 듣고, 답하고,

제29계명

 나는 시장조사를 믿지 않는다. 특히 비싼 돈을 내는 고객조사나 연구는 인터넷 벤처한테는 전혀 소용이 없다고 본다.

첫째, 시장조사를 전문 업체에 맡기면 큰 비용이 드는데 벤처 대부분은 여력이 되지 않는다.

둘째, 시장조사 업체가 제출하는 고객연구는 업계 전문가 의견을 다수 취합·분석해서 결론을 내는 경우가 많다. 제목은 시장조사인데 시장에 안 가보거나 직접 고객을 만나지 않고 만든 자료라 사실 엉터리다. 유명 컨설팅 회사·유명 경제연구소·저명한 대학교수를 인용해서 있어 보이긴 한다.

시장조사·설문조사는 개살구

> 포커스 그룹
> focus group
> 잠재 고객을 불러서 조사하는 연구 기법. 제품이나 서비스에 대한 반응을 본다

시장조사 업체는 **포커스 그룹**이란 잠재 고객을 대상으로 인터뷰하기도 한다. 그리고 결과를 정리해서 '고객의 목소리'를 내놓는다. 잠재 고객이 실 고객으로 둔갑했다. 역시 엉터리다. 우린 실 고객이 우리 서비스를 쓰면서 뭘 불편해하는지를 알고 싶어해야 한다.

온·오프라인 설문조사도 엉터리다. 설문 조사한다고 회사에서 설문지를 직접 만들어 본 사람이라면 알 테지만 사기가 따로 없다. 왜냐면 설문조사를 진행하는 마케팅 담당자가 원하는 결과가 나온다. 질문과 답안을 교묘하게 설계해놨다. 그럼 왜 설문조사를 할까? 간단하다. 마케팅이 실패했을 때 책임을 설문조사, 즉 고객에게 떠넘기려는 것이다.

문제를 개선하라

결론적으로, 나는 고객과 '직접' 대화하라고 권한다. 자사 웹 사이트에 고객이 제품과 서비스에 대한 피드백을 자유롭게 남길 수 있는 직접적인 채널을 만들어 놓으면 된다. 간단한 피드백 양식도 좋고 게시판도 좋다. 나는 '겟 새티스팩션'이라는 웹 서비스를 추천한다. 월 19달러면 고객의 피드백을 체계적으로 관리·분석해준다. 부담스러우면 페이스북이나 트위터로 하면 된다.

뮤직쉐이크의 경우, 사용자가 우리한테 직접 피드백을 줄 수 있는 섹션을 웹 사이트에 별도로 마련했고, 거의 모든 페이지에 간단한 피드백 기능을 구현했다. 나는 출근하면 가장 먼저 고객이 보낸 피드백 이메일을 다 확인하고 답변했다. 그리고 포럼의 모든 게시판을 검사해서 서비스 관련 내용을 챙겼다. 고객은 유용한 피드백도 보냈고, 그렇지 않은 내용도 보냈다. 또한, 부정적인 비판도 많았다. 지금 생각해보면 비판적인 의견이 효자였다. 우린 이를 악물고 부족한 기능을 개선했다.

그 사람 무식하네

고객이 써낸 비판을 부정하는 사람이 많다. 특정 기능이 어렵다고 하면 "그 사람 무식하네. 나는 이렇게 쉽구먼." 하면서 무시한다. 벼락 맞을 판단이다. 무식한 사용자는 없다. 왜 사용자가 어려워하는지 분석하고 쉽게 쓰게 고쳐야 한다. 백번 양보해서 고객이 진짜 '무식'하다고 가정하자. 우리도 눈높이를 맞춰야 한다. 고객이 물건을 사겠다는 데 지능지수가 낮다고 돌려보내는 장사꾼이 어딨나?

페이스북, 트위터도 고객의 목소리를 직·간접적으로 파악하는 데 도움이 된다. 고객은 제품이 무난하면 조용하다. 그래서 소셜 미디어 상에서 우리 제품이나 서비스에 대한 언급이 없다면 서비스가 아예 인기가 없거나 아니면 서비스가 무난하다는 걸 의미한다.

불편한 점이 있으면 고객은 불평을 한다. 극소수는 스타트업에 직접 연락한다. 대부분은 페이스북이나 트윗으로 서비스의 어떤 점이 별로였는지 알려준다. 우린 이런 고객한테 큰절을 올려야 한다. 잘못된 점을 바로잡으라고 피드백을 주는 고객은 스타트업의 두 번째로 고마운 고객이다. 물론 첫 번째는 유료 고객이다.

그렇지만 고객 대부분은 아무리 익명의 인터넷 공간상이라도 서비스 업체에 직접 부정적인 피드백을 주기 꺼린다. 대신 페이스북이나 트위터로 친구나 팔로어에게만 푸념을 한다. 창업자 또는 고객 담당자는 인터넷상의 사적인 푸념을 24시간 지켜봐야 한다. 뮤직쉐이크는 이런 피드백을 취합해서 방대한 내부 **데이터베이스**를 구축했다. 그리고 데이터베이스를 근거로 제품 개발 청사진과 필요한 기능의 우선순위를 결정했다.

창업자는 처음엔 '고객은 이걸 원해'라는 가설을 세워 시제품을 낸다. 하지만 시제품을 내고 시장에서 반응이 오면 처음 가설은 용도폐기해도 좋다. 이제는 고객 위주로 제품을 개선하고 기능을 추가해야 한다. 하지만 고객의 피드백을 반영하겠다고 새로운 기능을 추가하기란 쉽지 않다. 때론 해선 안 될 때도 있다.

⋮
데이터베이스
database
데이터를
유기적으로
결합하여
저장한 집합체.
데이터를
효율적으로
처리해서
데이터가 중복
되는 문제를
피한다

Listen to your customers

"사이트에서 직접 친구들과 대화할 수 있는 기능이 있으면 좋겠어요." 말은 쉽지만 만일 페이스북 수준의 완성도로 구현하려면 골치 아프다. 또한, 현 서비스의 핵심 가치와 연관이 있는지도 고민해야 한다. 온라인 서점에 채팅 기능이 있다고 누가 욕하진 않는다. 그렇다고 고객 2명만 좋아하는 서비스를 만드느라 본연의 기능에 소홀해도 될까? 채팅 기능이 시너지 효과가 있고 우선순위 1번이라고 치자. 현 서비스와 새 기능을 잘 융합해야 한다. 노련한 기획·디자인·개발이 필수다.

사랑 안 해, 좋아 해

페이스북의 '좋아요(*Like*)' 기능이 좋은 사례다. 2009년 2월 처음 선보인 '좋아요'는 그냥 흥미로운 소셜 네트워크 서비스였던 페이스북을 왕좌에 올린 일등공신이다. 광고주는 사람들이 좋아하는 내용 옆에 광고를 내고 싶어한다. 기존의 키워드 광고로는 내용이 혐오스러운지 썰렁한지 알 길이 없었다.[1]

전에는 인터넷 서비스상에서 특정 내용이 맘에 든다는 걸 표현하려면 별 다섯을 준다거나, 사랑을 뜻하는 하트 버튼을 눌렀다. 또는 1~10점 사이의 점수를 줬다. 점수 시스템은 너무 기계적이다. 내가 좋으면 좋은 거지 감정에 점수까지 매겨야 하나?

페이스북 사용자 반응을 보면 하트는 약간 부담스러웠다. 그래서 덜 부담스럽게 괜찮다는 표현을 하고 싶어했다. 사랑은 아무하고나 하지 않는다. 더구나 신문기사, 동영상 또는 친구 사진을 사랑할 순 없다.

[1] "The Button That Made Facebook Billions." *The Wall Street Journal*, 2012

그럼 '좋아요'의 아이콘은 왜 하필 엄지손가락일까? 기존의 '꼭 찔러보기' 기능이 손 모양이고 사용자에게 익숙해서 엄지손가락을 썼다고 한다.[2]

시장조사·고객조사 하는 데 헛수고하지 말고, 현재 우리 제품을 사용하는 고객과 직접 대화하라. 그리고 고객의 피드백을 아름답고, 편하고, 완성도 높은 기능으로 구현할 수 있는 디자이너와 개발자에게 투자하라.

§ § §

---

[2] "The Man Who Got Us to 'Like' Everything." *The Wall Street Journal*, 2011

최고의 개밥 요리사는

제30계명

그림 P –CC BY 2.0, Robert S. Donovan on Flickr

개밥을 직접 먹는다

2011년 조사를 보면, 미국에는 약 7,820만 마리의 애완견이 있으며 미국 가정의 39%가 개를 키운다.[1] 많은 미국인이 개를 가족으로 여긴다. 사료도 신중하게 선택한다. 나도 애견가다.

하루는 미국의 유명한 애완동물 용품 상점인 펫코에 갔는데 개 사료 제조업체의 영업사원이 신제품을 홍보하고 있었다.

"그 사료 좋은 재료로 만들었나요?" 어떤 손님이 물었다. "당연하죠." 영업사원은 직접 개밥을 먹었다. 회사와 제품을 믿는다는 선언이다.

[1] U.S. Pet Ownership Statistics. 2011

한국 기업에서도 쓰는지는 모르겠지만, 내가 마이크로소프트에서 일할 때 '개밥을 직접 먹기'라는 말을 많이 사용했다.

개밥 드세요~

이 말은 1988년에 마이크로소프트의 매니저 폴 매리츠가 한 테스트 담당자에게 보낸 이메일에서 유래했다. 폴 매리츠는 '우리의 개밥을 우리가 직접 먹기 (Eating our own Dogfood)'라는 제목으로, 우리 제품을 우리가 직접 사용해봐야 한다고 주장했다. 이후 많은 소프트웨어 업체가 이 원칙을 따라 하기 시작했다.

마이크로소프트는 신제품을 내기 몇 달 전부터 해당 제품 관계자는 물론 전 세계 지사의 다른 부서 직원이 제품을 요모조모 써보고 여러 가지 피드백을 취합해서 다시 제품에 반영하는 과정을 반복한다. 마이크로소프트는 '개밥 먹기'를 내부적으로 상당히 강조한다.

'개밥 먹기'는 여러 가지 효과가 있다. 일단 전반적인 사용성 테스트를 통해 개발 과정에서 간과했던 치명적인 오류나 불편함을 찾아내서 시장에 정식 제품을 발표하기 전에 고칠 수 있다는 큰 장점이 있다. 또한, 우리 제품을 우리가 직접 사용하면 회사에 대한 자부심과 애사심이 증가하고, 일종의 내부 광고효과를 낼 수 있다.

또한, 개밥을 직접 먹은 영업사원처럼, 고객이 우리 제품을 사주길 원한다면 반드시 내가 먼저 써봐서 제품의 가치를 몸으로 느껴야 한다는 도덕성도 필요하다.

Eat your own dogfood

자신이 팔고 있는 제품을 써보지도 않고 어떻게 그 제품의 장점과 가치를 남에게 설명할 수 있단 말인가? 이건 마치 커피회사 영업사원이 본인은 커피를 싫어해서 한 번도 마셔보지 않고 남한테 좋은 커피이니 꼭 사라고 하는 것과 비슷하다.

그런데 상식을 넘어선 창업자를 자주 봤다. 자신이 만드는 제품을 속속들이 사용해 보지 않아서 질문에 우물쭈물한다. 오히려 제3자인 내가 제품을 더 잘 아는 때도 있다. 이런 분은 벤처할 필요가 없다. 도덕적으로도 문제가 있지만, 더 큰 문제는 고객들과 공감대를 형성하기 어렵기 때문이다.

본인이 제품을 직접 사용하면 고객의 눈으로 제품을 볼 수 있다. 고객이 느낄 불편함이나 고통을 미리 체험할 수 있다. 잘 알고 있으니 수정하면 된다. 그러나 자기 제품을 깊게 안 써본 창업자는 고객 입장에 서보지 않았기 때문에 고객에게 공감도 못 하고 신뢰도 못 준다.

구글+는 개도 안 먹네

나는 페이스북과 트위터를 즐겨 사용하지만, 페이스북을 잡겠다고 구글에서 2011년 6월에 출시한 구글플러스(Google+)는 전혀 쓰지 않고 가입도 안 했다.

2011년 10월, 유명 IT 블로그 매셔블의 기사를 보면 구글 CEO 래리 페이지는 구글플러스를 통해서 22번밖에 글을 안 남겼으며, 이사회 의장인 에릭 슈밋은 계정도 없었다고 한다.[2] 워낙 높으신 분들이라 봐준다고 치자.

2
"If Google's Management Doesn't Use Google+, Then Why Should You?"
Mashable, 2011

그런데 실제 제품 개발에 관여한 6명의 부사장 또한 구글플러스를 거의 쓰지 않았다. 유튜브 담당자·검색 담당자는 공개적으로 한 번도 구글플러스를 쓴 흔적이 없고, 모바일 담당자도 넉 달 동안 8번밖에 글을 올리지 않았다. 구글 임직원은 왜 구글플러스를 사용하지 않을까? 간단 원칙 '오컴의 면도날'을 적용하면 답은 뻔하다. 페이스북보다 불편해서다.

실제로 구글 임원한테 왜 페이스북을 사용하다가 구글플러스로 바꿔야 하는지 물어보면 십중팔구는 애매한 답변을 할 것이다. "현재 온라인 공유 도구는 문제가 있습니다(Online sharing is broken)."³ 구글 임직원도 안 쓰는 구글플러스를 내가 왜 쓰나.

우린 매일 먹지롱

구글과는 반대로 페이스북의 창업자 마크 저커버그는 "종일 페이스북을 쓴다."라고 댓글마저 달았다.⁴ 트위터의 CEO 딕 코스톨로도 하루에 평균 10번 이상 트윗을 한다.⁵

CEO가 열정을 가지고 매일 쓰는 서비스는 그렇지 않은 서비스와 비교했을 때 질과 양에서 큰 차이가 난다. 2011년 9월부터 2012년 1월 동안, 페이스북 사용자의 월평균 사이트 체류 시간은 무려 420분(=7시간)이었으며 트위터는 21분이었다고 한다. 반면에 구글플러스는 라면 한 봉지 삶는 3분밖에 되지 않았다고 한다.⁶

오컴의 면도날
Occam's razor
한 현상을 설명하는 두 개의 주장이 있다면, 간단한 쪽을 택하라

3
"Facebook vs. Google: The battle for the future of the Web."
Fortune, 2011

4
"I Really Do Use Facebook All Day Long."
TechCrunch, 2011

5
@dickc

6
"The Mounting Minuses at Google+."
The Wall Street Journal, 2012

최고의 개밥 요리사는 개밥을 직접 먹는다

인터넷 벤처는 아니지만, 자신의 이름을 내건 여성 제화를 제조해서 미국 고급백화점에서 판매하는 비버리 필드맨은 여성 고객이 비버리 필드맨 신발을 계속 찾는 이유는 신발이 너무 편하기 때문이라고 한다. 그런데 그 비결이 아주 단순명료하다.

> ❝제가 디자인하는 모든 신발은 제 치수로 만들어서 직접 신어보죠.❞7

창업자와 CEO가 보여주는 제품에 대한 사랑과 열정은 고객이 열광하는 제품을 만드는 데 기본적이면서도 필수 조건이다. 제품에 대한 사랑과 열정은 대화에서 시작된다. 자신의 제품을 직접 써보고 대화하라.

§ § §

---

7 "3 small businesses take on the big boys." *Fortune*, 2011

벤처 근성은 기본이다

제31계명

미국 ABC 방송국의 리얼리티 프로그램 중 '샤크 탱크'라는 쇼가 있다. '샤크'라고 불리는 다섯 명의 성공 창업자가 심사를 맡는 일종의 창업 경진대회다.

쇼의 묘미는 심사단이 던지는 직설적이고 가끔은 모욕적인 질문과 비난을 소화하면서 보이는 예비 창업자의 태도다. 물론 흥미 위주의 쇼지만 가끔 기발한 아이디어가 나와서 어떤 이는 성공적인 투자를 받는다. 또한, 심사단이 사업 경험을 바탕으로 톡톡 쏴대는 날카로운 피드백은 논리적이며 유익하다.

상어가 무서우면 접어

2011년 2월 방송된 '샤크 탱크' 쇼에서 켈리 체이니라는 여성이 애완견용 생일케이크인 '퍼피 케이크'를 선보였다. 좋은 사업 기회라며 투자를 요청했다. 심사위원 중에서 인터넷 억만장자 마크 큐반이 질문했다:

> "매출이 상당히 낮은데 혹시 애완동물 용품 대형 상점인 펫코나 펫스마트에 연락 해봤나요?"

> "네, 이메일은 보냈는데 답장은 오지 않더라고요."

> "그냥 동네에 있는 대형 애견 상점에 직접 가서 매니저랑 얘기해보면 뭔가 해결책이 나올 거 같은데요."

> "제가 솔직히 영업능력이 별로 없어서 모르는 사람들한테 공격적으로 영업을 잘 못해요."

Finish what you've started

> **❝**켈리, 그런 정신으로는 절대 성공할 수 없습니다. 저는 투자하지 않겠어요! (*I am out!*)"

내가 생각해도 '샤크 탱크'에 출연한 켈리는 절대로 성공할 수 없을 거 같다. 그녀는 소위 말하는 '벤처 정신'이 부족하다.

'벤처 정신'은 정확히 뭘까? 나도 벤처 일을 하고 벤처 정신이란 말을 자주 사용하지만, 의미를 정확하게 정의하라면 솔직히 잘 모르겠다. 1편에도 소개했지만, 하버드 경영대학원 하워드 스티븐슨 교수는 "창업가 정신은 현재 자신이 가진 자원을 뛰어넘는 기회를 추구하는 과정이다"고 정의한다.[1]

물론 미국산 창업가 정신이 한국산 벤처 정신과 1대1 대응되지는 않는다. 그냥 힘든 상황에서 굳은 각오로 남들의 따가운 시선과 비난을 받으면서도 목표를 추구하는 근성이 벤처 정신이 아닐까 싶다.

닥치고, 만나

위에서 언급한 켈리는 본인이 아무리 숫기가 없어도, 제품을 진심으로 믿는다면 애완동물 용품 상점에 가서 담당자와 만나야 한다. 물론 쉽지는 않다. 상점 직원은 모르는 사람을 담당자와 연결해주려고 하지 않을 것이며, 담당자를 만나도 담당자는 생소한 제품을 섣불리 매장에 들이지 않으려 할 것이다. 그래도 켈리는 노력해야 한다. 성격 좀 바꿔서 자기 인생을 바꿀 비즈니스를 만들면 수지맞는 거래 아닐까?

[1] "A paradigm of entrepreneurship: Entrepreneurial management." *Strategic Management Journal*, 1990

> 전당대회
> national convention
> 정당이 개최하는 전국적인 대의원 대회

현재 실리콘 밸리에서 잘나가는 에어비앤비는 벤처 정신이 느껴지는 미국 민주당 **전당대회** 일화로 유명하다. 2008년 콜로라도 주(州) 덴버 시(市)에서 버락 오바마를 대통령 후보로 추대하는 민주당 전당대회가 열렸다. 대회장은 80,000 좌석의 미식축구 구장으로 사람이 미어터졌다. 근처 호텔은 27,000명을 수용할 수 있었는데 예약이 동났고 민주당원 수천 명이 숙소를 찾지 못해 전전긍긍했다. 여기서 민박 서비스 에어비앤비의 진가가 발휘된다. 덴버 시 주민은 "와!" 하고 에어비앤비 사이트에 떼로 몰려들어 민박 손님을 받았다. 그런데 에어비앤비는 벌어놓은 돈도 투자받은 돈도 없었다.

시리얼은 서버를 돌린다

> 현금흐름
> cash flow
> 기업 활동을 통해 나타나는 현금의 유입과 유출

에어비앤비는 급증하는 사용자를 감당하느라 서버도 늘리고 인터넷 회선 속도도 늘리느라 수입보다 지출이 훨씬 많았다. 한마디로 **현금흐름**이 마이너스였다. 창업팀은 신용카드 네 개를 한도까지 털었고 물론 개인 저축도 다 집어넣었다. 그래도 모자랐다. 누가 기지를 발휘했다. 민주당원에게 잠자리도 팔았는데 아침 식사 거리도 팔자. 시리얼을 팔기로 했다. 오바마 대통령 후보 얼굴 그림과 포장 디자인은 자체 충당했다.

> ❝일반 시리얼을 1,000상자 사서 500개는 오바마 그림이 그려진 상자로, 나머지는 매케인 (당시 공화당 대선 후보) 그림이 그려진 상자로 재포장했죠. 원래 3달러 정도 하는 걸 40달러에 내놨는데 오바마 시리얼은 동났어요...❞

벤처 근성은 기본이다

에어비앤비는 시리얼 판매로 3만 달러를 벌어서 당분간 회사를 운영할 자금을 확보했다. 곧 Y 콤비네이터 투자도 받았다. 매케인 시리얼은 많이 남았는데, 식사비를 아끼려고 에어비앤비 직원이 다 먹었다.

에어비앤비의 자세를 높게 평가한 유니온 스퀘어 벤처스의 프레드 윌슨은 종잣돈이 없어서 고민하는 창업자에게 항상 에어비앤비 창업팀의 벤처 정신에 대해서 말해준다고 한다.[2]

2
"Airbnb."
AVC,
2011

나는 CD 팔이 소년

나 또한 이런 경험을 해봤다. 2009년 뮤직쉐이크의 자금 상황은 좋지 않았다. 투자받은 돈은 다 썼고, 당시 수익 모델로는 회사 운영 비용을 댈 방법이 없었다.

나는 최소한의 자원과 비용으로 당장 돈을 벌 방법을 고민했다. 뮤직쉐이크 사용자가 만든 10만 개 가까이 되는 곡(曲)을 CD로 구워서 팔아보기로 했다(참고로 뮤직쉐이크로 제작된 곡은 우리가 저작권을 가진다).

그런데 CD를 온라인으로 팔 수 있는 자체 시스템이 없어서 나는 CD 노점상이 됐다. 이때부터 나는 근처의 초·중학교 앞 길거리로 출근했다. 등하교 시간에 맞춰서 'CD 사세요'를 외쳤다. 그만큼 절박했다. 결과는 당연히 좋지 않았다. CD도 안 나갔지만, 학교 앞에서 1시간 이상 서 있으면 항상 누군가는 신고를 해서 경찰한테 쫓기기도 했다.

스타트업 운영은 어렵다. 그래서 보통 정신이 아닌 벤처 정신으로 자신을 무장해야 한다. 이렇게 죽기 살기로 노력해도 성공은 보장되지 않는다. 하지만 노력 없이는 성공도 없다.

§ § §

직접 해보기 전에는

제32계명

그림 Q – Courtesy of 연합뉴스

아무도 믿지 말라

현대그룹의 고(故) 정주영 회장이 살아생전에 직원들에게 조금만 어려운 일을 시키면, 직원들은 "남들이 이미 해봤는데 실패했다."며 실패를 단정했다고 혀를 찼다고 한다.

❝이봐, 한번 해보기나 해봤어?" 정주영 회장은 바로 맞받아치면서 해보지도 않고 으레 겁먹고 포기하는 직원들을 나무랐다고 한다.

나도 정주영 회장 흉내를 낸다. 단, 내가 나한테 먼저 묻는다. 뮤직쉐이크가 지금까지 미국 시장에서 그나마 살아남을 수 있었던 건 오직 '남들이 뭐라고 하든 일단 한번 직접 부딪혀 보자'는 정신 덕이라고 본다.

뮤직쉐이크 플랫폼의 강점은 빌보드 차트의 웬만한 곡(曲)을 우리의 음원으로 재구성할 수 있다는 점이다. 사용자가 손쉽고 간편하게 음악을 리믹스할 수 있다.

2008년 2월에 미국 지사를 설립할 당시, 우리는 팝 가수의 유명 곡을 리믹스할 수 있는 방법을 고민했다. 기성곡을 리믹스하려면 해결해야 할 일이 많지만, 음원의 '저작권'이 가장 중요하다. 그런데 저작권은 복잡하다. 내가 변호사도 아니고, 음악 산업에서 오래 몸을 담지 않았기 때문에 저작권에 대해서 공부해야 할 내용이 태산 같았다 뮤직쉐이크가 특정 곡을 리믹스 하려면 누구한테 어떤 허락을 받아야 하나?

저작권은 변호사 며느리도 몰라

뮤직 퍼블리셔
music publisher
작사·작곡가에게 그들의 창작물이 상업적으로 사용될 때 마다 돈이 지불되도록 책임을 지는 단체
⋮

일단 나는 주위의 음악 좀 한다는 사람들과 크고 작은 음악 전문 엔터테인먼트 변호사들에게 자문을 구했다. 우리 사업모델을 설명하면서 이걸 하려면 어떤 법적 절차가 필요한지 물어봤다. 50명한테 질문을 하면 답이 다 달랐다. '전문가가 그것도 몰라?' 신기하기도 했고 답답하기도 했다.

1. **일반인**
음반사에 돈을 주면 된다고 했다.

2. **어떤 변호사**
음반사와 **뮤직 퍼블리셔**로부터 모두 허가를 받아야 한다고 했다.

Take everything into your own hands

3. **가수 매니저**
   유명 그룹 블랙 아이드 피스의 리더 윌아이앰의 매니저는 그럴 필요 없이 그냥 가수한테 바로 허락만 받으면 문제가 없다고 내게 여러 번 확인해줬다.

4. **엔터테인먼트 변호사**
   시간당 700달러를 버는 할리우드에서 가장 악명높은 엔터테인먼트 변호사는 뮤직쉐이크와 같은 방법으로 기성 곡(曲)을 리믹스하는 건 불가능하다고 했다.

   왜냐면 저작권자의 동의 없이 저작물을 변형하면 저작권법 위반이기 때문이다. 또한, 원(原)저작물을 변형해서 만든 저작물의 저작권, 즉 2차적저작물 저작권도 인정받지 못한다. 즉 수익을 못 낸다. 뮤직쉐이크의 경우 리믹스가 수만 개 나올 텐데 곡(曲)마다 해당 음반사가 2차적저작물 작성권을 내줘야 한다고 한다.

5. **음반사 임원**
   유니버설 뮤직 그룹과 소니 뮤직 엔터테인먼트에서 15년 이상 임원을 하셨던 분은 나 같은 애송이가 직접 나설 일이 아니라면서 음반사와 일하는 전문 브로커를 소개해주겠다고 했다.

   결론은 불가능한 일에 시간 낭비하지 말라였다.

   ❝돈 벌 기회가 있는데 아무리 선례가 없더라도 웬만큼 비즈니스 마인드가 있는 사람이면 얘기라도 해볼 여지가 있지 않을까?"라고 생각했던 나는 절망했다.

직접 뛰기로 했다. 음악 업계에서 일하는 스탠퍼드, 와튼 동문을 수소문하느라 70번 넘게 이메일을 보내고 전화를 걸었다. 덕분에 소개를 많이 받고 음반사가 밀집된 로스앤젤레스와 뉴욕을 왔다갔다하면서 미팅과 데모를 했다.

배기홍의 신천지 탐험

놀랍게도 음악 산업 전문가도 우리가 하려는 리믹스 권리를 시원하게 설명하지 못했다. 결국, 나는 18개월 동안 '맨땅에 헤딩'하고 다녔다. 탐험 결과, 리믹스 권리는 뜻밖에 단순하며 충분히 가능했다. 내가 들었던 불가능하다는 피드백은 간접 경험자의 '카더라'였다. 지금까지 자문했던 이들은 대개 수동적이거나, 게으르거나, 추진력이 없거나, 말만 번지르르했다.

- 음악 산업의 정확한 짜임새나 생리를 전혀 모르고 있다. 또한, 알려고 시도하지도 않는다.
- 방법을 누군가 가르쳐 줘도 "이 많은 사람한테 언제 어떻게 연락할까?"라면서 해보기도 전에 포기한다.
- 직접 시도에 나서는 극소수도 대여섯 명과 얘기를 하다가 잘 안되면 중간에 포기한다.
- 제대로 알지도 못하면서 처음부터 무조건 불가능하다고 한다. 본인은 직접 해보지도, 해볼 노력도 하지 않고 주위 말만 듣고 마치 진실인 마냥 떠벌리고 다닌다.

직접 해보기 전에는 아무도 믿지 말라

Courtesy of Musicshake

나는 운이 좋아서 주위의 많은 분이 도움을 줬다. 지루하고 집요한 시도 후 많은 가수·매니저·음반사·뮤직 퍼블리셔와 친해질 수 있었고 이후 적법한 절차를 밟아서 필요한 곡의 권리를 받았다. 2011년 2월에 뮤직쉐이크는 잭슨 파이브의 불후의 명곡 'ABC'로 첫 번째 리믹스 앱을 발표했고, 그 이후로 지속해서 유명 곡(曲)을 리믹스 할 수 있는 앱을 냈다. 이제 나는 웬만한 엔터테인먼트 변호사들보다 음악 산업의 법칙과 생리에 대해서 잘 안다고 자부한다.

내가 해보니까 달라ㅋㅋ

음반계 거물도 손사래를 치는 큰 과제를 해결한 후, 나는 남의 충고나 의견을 잘 듣지 않는 버릇이 생겼다. 그리고 주위에서 나한테 "이건 이렇게 하는 거야 / 그건 해봤자 안되니까 하지 말아라"면 그냥 웃어넘긴다. 어떤 이는 내 태도가 건방지다고 생각하지만, 해보니 다른 걸 어쩌나.

나는 이제 직접 해보고 나서 결정을 내린다. '불가능한 일'을 손수 해보니 80% 이상이 가능했고, 나머지 20%도 단지 시간이 조금 더 걸릴 뿐이다. 절대로 불가능하지 않았다.

"해보긴 해봤어?" 전력을 기울였는데도 실패한다면 적어도 떳떳하게 "내가 해봤는데 그건 잘 안되더라"고 좀 더 설득력 있는 조언을 줄 수 있다.

♭ ♭ ♭

매 순간 전력질주를 하면

제33계명

그림 R - 퍼블릭 도메인, Olav Bjaaland on Wikimedia

장거리를 못 간다

경영 컨설턴트 짐 콜린스의 신간 *Great by Choice*를 즐겁게 읽었다. 주옥같은 사례와 교훈으로 가득하다. 짐 콜린스가 책 전반에서 강조하는, 기업이 성공하는 해법은 바로 꾸준한 '20마일(=32km) 행군'이다.[1]

> 1
> *Great by Choice: uncertainty, chaos, and luck – why some thrive despite them all.* HarperBusiness, 2011

화창해도 20마일, 궂어도 20마일

20마일 행군 이론은 짐 콜린스가 예로 삼는 인류 최초로 남극점을 정복한 아문센과 실패한 스콧의 이야기에서 잘 설명할 수 있다.

1911년 12월 12일, 아문센 팀은 남극에서 45마일 떨어진 지점에 도착했다. 스콧 팀은 분명히 아문센보다는 남극점에 가까운 곳에 도달했다. 아문센은 이미 춥고 험한 산을 넘어서 650마일 이상 어렵게 왔고, 조금만 더 분발해서 24시간 연속 행군을 하면 한번에 남극점에 도달할 수가 있었다.

그러나 아문센은 17마일만 갔다. 탐험 내내 아문센은 팀원에게 '꾸준함과 지속성'을 강조했다. 화창한 날씨에도, 눈보라가 치는 악조건에서도 15-20마일을 갔다.

하루는 어떤 팀원이 조금 무리해서 25마일을 가자고 하자 아문센의 답은 '노'였다. 고갈된 에너지를 재충전하려면 휴식과 수면이 중요하다. 결국, 아문센 팀은 남극점을 먼저 정복했다. 하루 평균 15.5마일을 이동했다.

반대로 스콧 팀은 날씨가 좋은 날은 쓰러질 때까지 행군하고, 악조건에서는 텐트에 남아서 나쁜 날씨만 탓했다. 남극점에 도착했지만, 2등임을 알고 낙심했다.

20마일 행군은 항공사 사우스웨스트와 의료기기 제조업체인 스트라이커와 같은 기업에서도 살펴볼 수 있다. 항공사 사우스웨스트는 다른 항공사가 도산하는 불황기를 포함해 30년 연속 매년 흑자를 냈고, 단 한 명도 감원하지 않았다.

의료기기 제조업체 스트라이커는 매년 딱 20% 성장을 목표로 잡았다. 그리고 1977년부터 1998년까지 21년 동안 두세 번 제외하면 연 20% 성장을 이뤘다. 주식 시장이 성장률을 높이라고 경고해도 굴하지 않았다. 오히려, 경쟁사 USSC가 1998년 주식 시장에서 사라졌다.

짐 콜린스는 수십 년 넘게 성공을 유지하는 위대한 기업 뒤에는 바로 20마일 행군 법칙이 있다고 한다. 위대한 기업은 경기가 나빠도 목표 달성을 위해서 온 힘을 다하고, 경기가 좋아도 무리하게 사업을 확장하거나 목표를 초과 달성하지 않는다. 호경기에는 쉽게 목표를 초과 달성할 수도 있었지만, 일부러 한 박자 쉬어가는 자제력을 발휘한다.

이 '20마일 행군'의 법칙을 통해 내 스스로도 반성해보았다. 난 2008년 미국에서 뮤직쉐이크 업무를 시작하면서 최단 시간에 최대 성장을 목표로 잡았다. 초고속으로 성장하는 스타트업에 둘러 싸여있으니 난 안절부절못했던 것이다. 당시만 해도 소비자 대상의 웹 서비스 전략은 '일단 사용자를 많이 확보하고 트래픽을 키운 후에 그돈을 어떻게 벌지 생각해보자'였다.

Don't go the extra mile for a long journey

> 2
> "#1 Cause of Startup Death? Premature Scaling."
> *Forbes*, 2011
> ⋮

좋은 예는 음악 분야 서비스인 플레이리스트다. 2006년에 사용자가 50만 명이었는데 2년 만에 2,000만 명으로 39배 증가했다. 결과는 아래에도 나오지만 나빴다.

과연 최단 시간에 빨리 성장해야 성공하나? 나도 한때는 그렇게 생각했지만, 데이터를 보면 반대다. 스타트업 게놈 프로젝트에서 발표한 보고서를 보면 스타트업의 실패를 가장 정확하게 예측할 수 있는 지표는 '너무 이른 성장(*premature scaling*)'이다.[2] 보고서는 급성장하는 인터넷 스타트업 중 70%가 너무 이른 성장 탓에 실패했다고 분석한다. 스타트업이 최단 시간에 너무 빨리 성장하는 주된 이유는 바로 '거품'과 '시장'의 차이점을 구분하지 못해서다.

> ⋮
> 얼리 어답터
> early adopter
> 새로운 기기나 제품에 대해 신속하게 적응하고 활용하는 사람

즉, 하룻밤에 백만 명의 **얼리 어답터**들이 갑자기 우리 서비스를 사용했다고 해서 우리 서비스가 실제로 돈이 되는 '시장'을 찾은 게 아니라는 말이다(물론 페이스북과 같은 예외도 있다).

앞에 말한 플레이리스트 사(社)는 고속 성장했지만, 끊임없는 저작권 침해 소송과 내부 경영진 불화로 몸살을 앓았다. 결국, 적절한 수익 모델을 찾는 데 실패해서 지금은 서서히 죽어간다는 소식을 들었다.

반대로 뮤직쉐이크는 아직 살아있고 조금씩, 꾸준히 성장 중이다. 우리 방문자 수는 플레이리스트에 비교할 수 없을 정도로 미약하다. 그러나 우리는 주저앉지 않고 성장해서 회사 운영에는 문제가 없다.

> 성장곡선
> growth curve
> 생물의 생장의 시간적 경과를 나타내는 곡선. 일반적으로 생장 속도는 처음에는 완만하다가 급속하게 되고 다시 완만해지므로 'S' 자 모양이 된다

일반적인 스타트업 상식선에서—최단 시간에 최대한 많이 성장해야 한다는—뮤직쉐이크의 **성장곡선**을 2년 전에 봤다면 대부분은 망할 회사라고 예측했을 것이다. 그러나 우리는 살아있다.

급성장보다는 꾸준한 성장이 성공적인 스타트업의 핵심이다. 물론 페이스북과 같이 상식 밖의 패턴으로 급성장에 급성장을 거듭하면서 동시에 매출도 항상 최상으로 유지한다면 가장 이상적이겠지만, 대부분 회사는 이럴 능력도 여력이 없다.

24시간 연속 일하고 회복하느라 일주일을 쉬느니 하루에 3시간씩 꾸준히 8일을 연속 일하는 게 결과가 좋다. 유명 영화 감독 우디 앨런도 인터뷰에서 "하루에 3-5시간만 일하면 능률이 훨씬 더 오릅니다. 가장 중요한 거는 하루도 빠지지 않고 타자기 앞에 앉아 있는 거죠"라고 했다.[3] 조급하게 생각하지 말고 하루에 20마일만 꾸준히 가자. 그러면 언젠가는 정상에 도달한다고 믿는다.

> 3
> Woody Allen: interviews. University Press of Mississippi, 2006

§ § §

소셜 미디어 인기가

제3니계명

 소셜 미디어 세상이다. 트위터, 페이스북, 유튜브, 링크드인 등을 쓰면 자기 **브랜드**를 만들고 스타트업 마케팅을 하기 편하다.

> 브랜드
> brand
> 어떤 경제적인 생산자를 구별하는 지각된 이미지와 경험의 집합이며 좁게는 어떤 상품이나 회사를 나타내는 상표나 표지

나도 블로그를 운영하고 트위터와 페이스북을 다양하게 활용한다. 나는 2010년 8월에 출간한 《스타트업 바이블》을 홍보하면서 페이스북과 트위터를 썼다.

나도 책 쓰다 스타 탄생

촌놈이 처음으로 책을 출간하고 갑자기 여기저기서 질문과 강연 문의가 들어오니 나는 신나서 나 자신과 책을 홍보했다.

성공을 한 번 맛보면 그걸 연타석 성공으로 만들어야 하는데, 정작 나는 소셜 미디어를 통해서 아무한테도 도움이 되지 않는 얘기와 글을 올리기 시작했다.

인기에 중독되니 페이스북 친구가 몇 명이고 트위터에 팔로어가 몇 명인지 세기 시작했다. 얼마 지나지 않아 난 내가 사교계 인사가 아니란 사실을 깨달았다. 난 창업자다. 이제 나는 유익한 내용이 아니면 글을 올리지 않는다. 그리고 내가 배울 게 있는 사람만 팔로우한다.

인기가 돈이가?

6개월 전에 실리콘 밸리에서 갓 알을 깬 스타트업 창업 팀과 인사할 기회가 있었다. 창업자는 아직 제품도 안 냈는데 사전 마케팅과 '붐업'을 잘해서 이미 회사의 페이스북 페이지에 팬을 5천 명 넘게 모았다고 자랑이다.

밥 먹여 주지 않는다

그리고 하루에도 수차례 페이스북 친구들한테 회사의 페이스북 페이지를 '좋아요'하라고 메시지를 보낸다고 한다. 제품도 없는데 그게 무슨 소용인가.

참고로 코카콜라의 페이스북 페이지가 좋다는 팬은 3,900만 명이 넘는다. 그런데 한 컨퍼런스에서 만난 코카콜라 소셜 마케팅 담당자에 의하면 3,900만 명을 가지고 뭘 해야 할지 모르겠다고 한다. 제품이 있어도 (팬이) 무슨 소용인지 모르겠단다.

소셜 미디어에 현혹되지 말고 현명하게 처신하자. 뛰어난 제품과 서비스는 스스로 빛을 내며 자신을 알린다. 소셜 미디어는 그저 부가적인 홍보 수단이다.

소셜 네트워킹은

제35계명

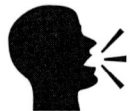 미국은 한국보다 인맥 네트워킹(networking) 문화가 잘 발달했다. 미국인은 처음 만나는 사람과도 공통 주제를 찾아서 오랜 대화를 갖는 데 익숙하다.

실리콘 밸리에서는 네트워킹 기회가 꽤 많다. 매일 최소 2-3개의 크고 작은 네트워킹 행사가 열린다. 대개 무료다. 사전등록이 필요없는 행사도 많다. 가면 각계각층의 사람이 있다. 기업 세계—특히 한 다리 거치면 다 아는 실리콘 밸리—에서는 네트워킹이 매우 중요하다. "내가 뭘 아느냐가 아니라, 내가 누굴 아느냐가 중요하다."는 법칙이 실리콘 밸리에서도 당연히 적용된다. 그렇다고 모든 네트워킹 행사에 참석해야 하는 건 아니다.

나도 뮤직쉐이크 한다고 로스앤젤레스로 왔던 2008년 초 당시, 한동안 로스앤젤레스와 실리콘 밸리에서 열리는 거의 모든 네트워킹 행사를 찾아다녔다. 물론 비즈니스 기회를 노리고 이런 행사에 참석했다. 당시 음악 비즈니스를 전혀 모르던 나는 많이 만나고 많이 배웠다. 처음 몇 번은 새로운 사람을 만나는 사교 행사가 재미있었다. 하지만 시간이 흐르니까 지루했다. 이제는 내가 공식 초청을 받거나 꼭 만나야 하는 인사가 있는 행사가 아니면 절대 안 간다. 이제 나는 열심히 일한다.

내가 거의 1년 반 이상 로스앤젤레스와 실리콘 밸리의 네트워킹 행사에 참석하면서 배운 노하우는 이렇다.

초기에만 영양가 있다

- **똑같은 얼굴**
  실리콘 밸리에서 행사를 5번만 가보면 나중에는 대부분 아는 얼굴이다. 아는 얼굴을 모른척할 수도 없고, 그러다 보면 행사 시간 절반을 수다 떠느라 낭비한다.

- **유명인 집중 현상**
  유명 창업자에게만 사람이 몰린다. 40명 이상이 줄을 선 경우도 봤다.

- **꼭 가야 하면 가라**
  사업에 막대한 영향이나 도움을 줄 수 있는 인사가 오면 가야 한다. 그리고 사전에 이런 인사가 참석하는지 꼭 확인하고, 가서도 필요한 사람만 만나서 업무 얘기를 하고, 연락처를 받자마자 행사장을 떠나라.

네트워킹을 느긋하게 즐기려면 창업해서 성공하면 된다. 남들이 꼭 말을 걸고 싶어하는 존재가 된다. 성공하려면 남들 놀 때 열심히 일해야 한다.

모든 것에 예외가 있듯이 네트워킹에도 예외는 존재한다. 간혹 별 기대 없이 참석한 행사인데 뜻밖의 성과를 얻기도 한다. 소셜 여행 서비스인 트리피의 창업자 JR 존슨은 2010년 실리콘 밸리의 한 바비큐 파티에서 트루 벤처스의 토니 콘래드를 우연히 만났다. JR 존슨은 갈비와 통닭을 먹으면서 175만 달러의 투자 결정을 받아냈다.[1] JR 존슨은 나와는 완전히 반대로 "파티에 초대받으면 절대로 거절하지 말고 가세요"라고 충고한다.

[1] "Disrupt Alum Trippy Raises $1.75 Million Thanks to Ribs and Fried Chicken." *TechCrunch*, 2011

하지만 트리피가 바베큐 파티에서 투자를 받아냈던 진정한 이유는 그 당시 이미 서비스의 완성도가 높았고, 창업자 JR 존슨이 성공을 경험한 연쇄 창업자여서다. 이제 갓 창업했다면 네트워킹할 시간에 제품을 만들자.

§ § §

팔 수 있을 때 (계산기를

제36계명

 창업해서 수많은 난관을 극복하고 지금껏 꽤 성공적인 벤처를 운영하고 있는 창업자라면 자연스럽게 투자비 회수를 생각한다.

Exit 버튼을 눌러라

"아직 투자비 회수는 전혀 생각해보지 않았습니다. 저희는 비즈니스를 키우는 데 총력을 기울이고 있으며 좋은 기회가 생기면 그때 고민하겠습니다."

창업자에게 투자비 회수를 물으면 나오는 틀에 박힌 답변이다. 하지만 내가 아는 창업자 대부분은 투자비 회수에 대해서 한두 번 정도 상상 해본다. 사람인데.

"내가 벤처 한다고 연봉을 오천만 원 덜 받고 시작했단 말이야. 처음 투자금 오천에 3년이면 2억이니까 10배로 20억은 챙겨야지."

어느 날 갑자기 회사를 인수하겠다는 제안이 들어오면 어떻게 하는 게 최선의 결정일까? 두 가지 결정이 가능하다. 당장 팔거나, 제안을 거절하고 계속 회사를 키우는 방법이다. 물론 후자는 추가로 투자를 받을 수도 있다. 관련된 몇몇 사례를 보자:

마이스페이스, 팔았다

마이스페이스는 2005년에 5억 8,500만 달러를 받고 미디어 재벌 루퍼트 머독 회장에게 회사를 팔았다. 2007년 머독 회장은 마이스페이스를 120억 달러에 사겠다는 야후!의 인수 제안을 거절했다. 14배 장사를 놓쳤다.

두들겨 보고) 팔라

2011년 마이스페이스는 결국 3,500만 달러에 어떤 투자 회사에 팔렸다. 본전의 60%만 건졌다.

마이스페이스 창업자는 일생일대의 기회를 잡았고 머독 회장은 5억 달러를 날렸다.

그루폰, '고' 했다

* 2012년 7월 그루폰의 시가총액은 50억 달러로 떨어졌다.

2010년, 그루폰의 창업자 앤드루 메이슨은 구글의 60억 달러(예상) 인수 제안을 뿌리쳤다. 주위의 비웃음을 샀다. 그루폰은 2011년 11월에 60억의 두 배인 120억 달러의 평가가격에 상장했다.

트위터, 우짤텨?

트위터는 2010년 구글의 100억 달러 인수 제안을 거절했다. 현재 트위터의 평가가격은 약 85-100억 달러다. 과연 트위터가 100억 달러 이상의 평가가격으로 다른 회사에 인수될지, 아니면 상장할지는 미지수다.

∴ ⁖ ⁘ ⁛ ⁖ ∵

위 사례에서 보듯이 회사를 당장 파느냐 아니면 더 성장시키느냐는 선택은 정답이 없다. 내 주위에서 이런 인수 제안을 받은 경험이 있는 창업자 몇몇 사람에게 물어보니 답이 엇갈린다. 회사를 판 창업자는 무조건 옳은 결정이었다고 한다. 계속 회사를 운영했으면 불확실한 미래와 외로운 싸움을 하고 있었을 것이라고 한다. 즉, 불경기와 지속적인 기술의 변화를 우려했다. 반대로 인수 제안을 뿌리치고 열심히 벤처의 가치를 더 키우려고 노력하는 창업자는 팔지 않길 잘했다고 한다. 2-3년 뒤에 훨씬 높은 가격에 벤처를 팔거나 상장할 수 있을 거라고 굳게 믿는다.

지금 50만 or 3년 후 250만?

전자 카드 스타트업 기프트집을 창업한 지 2년 만에 대형 상품권 판매 업체에 매각한 창업자는 비슷한 상황에 놓인 창업자에게 이렇게 조언한다.[1]

> 한 창업자가 2년 된 스타트업을 50만 달러에 인수하겠다는 대기업의 제안을 거절한다. 대신 3년 후에 회사 가치를 500만 달러로 성장시키겠다는 목표로 50만 달러를 투자 받는다.
>
> 만약 시나리오가 실현되면 투자자는 3년 안에 투자금의 5배를 돌려받는다. 잘한 결정인가? 몇 가지 고려 사항이 있다.
>
> **1. 지분 희석**
> 50만 달러 평가가격의 스타트업이 50만 달러의 투자를 받았으니 창업자의 회사 지분은 50%다. 3년 후, 500만 달러에 회사를 팔면 창업자는 절반인 250만 달러만 챙긴다.
>
> **2. 위험 요소**
> 미국 벤처캐피털협회의 자료에 의하면 벤처 투자를 받은 스타트업의 20%만이 높은 수익률로 투자비 회수를 한다. 나머지 80%는 망하거나

[1] "Why I Decided to Take the Money and Sell My Startup." *Entrepreneur*, 2011

Sell when you can

현상 유지만 한다. 이런 위험 요소를 고려하면 창업자가 챙기는 돈은 사실상 250만 달러의 20%인 50만 달러인 셈이다.

3. 시간과 기회비용

마지막으로, 만약 창업자가 3년 전에 50만 달러에 스타트업을 팔았다면, 그 50만 달러는 즉시 유동성을 가진다. 예를 들어 50만 달러를 전부 3년 만기 미국 재무부 채권에 투자했으면 최소한 1만 3,000달러의 이자를 챙길 수 있다.

결국, 지분 희석·위험 요소·기회비용 등을 따지면 창업자가 3년 후에 벌 수 있는 건 48만 7,000달러다. 그냥 50만 달러에 회사를 넘기는 게 더 경제적일 수도 있다.

헷갈리는 말이지만, 그렇다고 무조건 회사를 팔아서는 안 된다. 진짜 자신이 있고 운이 따른다면 나중에 훨씬 높은 평가가격에 투자비 회수를 할 수도 있다. 하지만 항상 경기가 좋지는 않고 기회는 흔치 않다.

내 결론은 "창업자와 주주가 모두 만족하는 좋은 조건이라면 회사는 팔 수 있을 때 팔면 좋다."이다.

§ § §

창업자 엔진은 녹슬지 않는다

제37계명

제14계명에서, 출시 전부터 엄청난 투자를 받았지만 실패한 서비스의 예로 컬러를 들었다. 컬러의 공동 창업자는 베트남계 미국인 빌 윈이다.

빌은 그런 삶을 살지 않았습니다

빌 윈은 1999년 원박스를 세워서 같은 해에 자그마치 8억 5,000만 달러로 폰닷컴에 팔았다. 그리고 2000년에 무선 이메일 서비스 세븐 네트워크를 설립해서 2005년까지 세븐의 CEO를 했다. 세븐의 사용자는 현재 14억 명이다. 2005년에는 라라 미디어를 공동 창업해서 2009년 8,000만 달러로 애플에 팔았다. 이미 억만장자가 됐지만 빌 윈은 2010년 컬러를 시작했다.

요점은 빌 윈 같이 억만금을 벌고도 삶을 적당히 즐기지 않고 계속 도전하는 정신이다. 창업자 DNA가 없는 직장인은 이런 도전 정신을 이해 못 한다. 평생 다 쓰지도 못할 만큼 벌었으면 그냥 쉬지 왜 사서 고생이야?

연쇄 창업 확인 사건

> 연쇄 창업자
> serial entrepreneur
> 지속적으로 새로운 사업을 하는 사람

우리는 빌 윈 같은 사람을 **연쇄 창업자**라고 한다. 내 주위에서 연쇄 창업자는 흔하다. 실리콘 밸리에서 성공한 창업자 대부분은 현실에 안주하지 않는다. 내가 개인적으로 아는 징가의 마크 핀커스, 리걸줌의 브라이언 리 역시 그렇다. 이들에게 돈은 행복이나 평생 휴식을 의미하지 않는다. 다른 문제점들에 대한 해답을 찾는 동안 먹고 사는데 지장 없는 편안함을 제공하는 수단일

The entrepreneurial bug never dies

뿐이다. 어떤 이는 노는 게 지겹고, 어떤 이는 창업자 피가 몸에서 계속 끓는다고 하며, 어떤 이는 그냥 뭔가를 만드는 게 즐겁다며 또 도전(挑戰)한다. 아무튼 우리는 도전자(者)가 만든 신기술 덕에 편하게 산다. 연쇄 창업자는 문제점이나 불편한 점이 발견되면 그냥 지나치지 않는다. 문제를 해결하려고 노력한다. 방법에는 여러 가지가 있겠지만, 대부분 창업한다. 창업해서 투자를 받아 돈이 돌게 하고, 고용을 창출하고, 국내 총생산(GDP)을 늘리며, 신기술로 문제를 해결한다. 새 문제가 나오면 또 창업한다. 모두 혜택을 본다.

사나이, 왜 사나, 아사나

2012년 현재 27세인 더스틴 모스코비츠는 페이스북 공동 창업자다. 페이스북 지분으로만 억만장자다. 모스코비츠는 2008년 11월에 페이스북을 퇴사하고 신개념의 생산성 향상 소프트웨어인 아사나를 창업했다. 휴식도 없이 바로 아사나의 제품을 개발하기 시작했다. 나이도 젊겠다, 수억 달러를 벌었으니 흥청망청 살지. 그런데 여간내기가 아니다.

❝우리는 세상에 큰 공헌을 하고 싶다. 인간을 비효율에서 해방하겠다.❞고 당차게 말한다.[1]

창업, 자꾸만 하고 싶네~

한국에는 연쇄 창업자라고 하면 생각나는 분은 본 엔젤스의 장병규 대표다. 장병규 대표는 1997년 만 24세에 네오위즈를 공동 창업해서 2000년 코스닥 상장에 성공

[1] "Asana: Dustin and Justin's Quest for Flow." *Bloomberg Businessweek*, 2011

한다. 2005년에는 웹 검색 엔진 업체 첫눈을 설립해서 2006년 NHN에 300억 원에 판다. 2007년에는 게임업체 블루홀 스튜디오를 창업했고, 2012년 현재 테라라는 온라인 게임의 미국 시장 출시를 시도하고 있다.

그런데 '인생 한 방' 성공하고 젊은 나이에 은퇴해서 부동산 투자나 식당업을 하거나, 미국에 이민 와서 노후(?)를 즐기는 한국 창업자도 많다. 뭐, 이게 나쁘다는 건 절대로 아니다. 그런데 사회에 공헌하셨는데 계속 공헌해주시면 안 될까?

창업자 엔진은 계속 돌아가고 있다. 3대가 느긋하게 먹고 살 수 있을 정도로 돈을 많이 번 창업자도 계속 도전한다. 아직 한 번도 성공을 경험하지 못한 우리는 더 열심히 엔진을 돌려야 한다.

*이 부분은 내가 아직 직접 경험하지 못한 출구 전략 관련 내용이며, 간접 경험과 유경험자들과의 인터뷰를 기반으로 작성됐다.

근근이 먹고 사느니

제38계명

그림 S -CC BY 2.0, Heungsub Lee on Flickr

과감하게 실패하라

❝기다리는 자에게 복이 온다." 좋은 말이지만 벤처는 복보다 돈이 더 고프다.

❝뭐, 그냥 해마다 비슷해요. 크게 성장도 안 하고 그렇다고 나쁘지도 않고요. 그냥 먹고 살아요."

입에 풀칠하는 현실에 감사하는 벤처 임직원이 있다. 현재 3-5년째 풀칠 중이다. 물론 90% 이상의 벤처가 실패한다는 걸 고려하면 망하지 않고 먹고 사는 건 중요하고 대단하다. 그런데 과연 이게 벤처한테 좋은 현상일까?

내 경험에 의하면 벤처와 창업자한테 있어서 최악의 결과는 실패가 아니다. 최악의 결과는 바로 '그럭저럭 먹고 살게 되면서' 정체된 상태로 평생을 가는 것이다.

사는 게 사는 게 아니거든…

돈벌이는 나쁘지 않지만, 그렇다고 빠르게 성장하는 건 아니고, 뾰족한 돌파구도 없다. 늪에 빠져서 나오려고 발버둥치지만, 나왔다 싶으면 다시 빠지는 과정을 계속 반복한다. 1~2년 더 해본다. 그래도 똑같다. 그냥 같은 매출과 같은 인력으로 같은 돈벌이를 한다.

❝다른 거 하면 훨씬 잘할 수 있겠는데…❞라는 생각을 하루에도 여러 번 하지만 막상 그만두지는 못한다. 왜냐면, 월급은 꼬박 나오고 '먹고사니까'. 이럴 거면 벤처 접어라. 실패하면 다 털고, 재정비한 후에 새로 출발하면 된다. 그러나 그냥 '먹고사는' 비즈니스라면 아예 속 편하게 먹는장사를 하라.

평생 먹고만 살래?

드롭박스의 공동 창업자 드루 하우스턴도 잔챙이 고기를 노준 경험이 있다. 하우스턴은 드롭박스를 창업하기 전 어콜레이드(*Accolade*)라는 미국 대입수학능력시험(SAT) 온라인 학원을 구상했다. 공동 창업자는 전직 교사이자 SAT 강사였다. MIT 출신인 하우스턴은 SAT를 리버스 엔지니어링해서 단기 성적 향상 비법을 개발했다고 한다. 증거로 하우스턴은 SAT 2,400점 만점 성적표를 내놨다.[1] 나쁜 아이디어는 아니었지만, 경쟁이 살벌

[1] Test Whizzes Score 2400 on SAT: Launch New SAT Training School. blip.tv, 2006

Fail fast

한 사교육 시장에서 최강자가 되긴 어려워 보였다. 판단이 서자 하우스턴은 미련없이 어콜레이드를 버렸다. 먹고살 만할 성공 가능성은 싫었던 것이다.

만약에 드루 하우스턴이 작은 시장에 만족했었다면 전 세계 5,000만 명이 즐겨 쓰는 드롭박스라는 기발한 서비스는 탄생하지 못했을지도 모른다.

여기서 많은 창업자가 물어보는 질문이 있다.

❝우리 벤처가 현재 늪에 빠진 정체 상태인지 어떻게 아나요? 벤처는 계속 노력하는 인내심의 결정체가 아닌가요? 너무 성급한 결정을 내릴까 두렵습니다.❞

허브스팟의 공동 창업자 다메쉬 샤는 "창업자는 스스로 모든 일의 90%가 착착 진행되면, 우린 얼마짜리 회사가 될까?"라는 질문을 해보라고 말한다.[2] 답변이 만족스럽지 못하다면 현재 정체 상태라고 생각하자. 모든 결정이 그렇듯이 이런 결정은 빨리 내려야 한다. 특히 창업자에게 가장 소중한 자산은 바로 '시간'이기 때문에 시간 낭비를 줄이려면 필수다.

현재 본인이 이끄는 벤처가 지금 몇 년째 성장하지는 못하지만—여기서 말하는 성장은 매출 또는 사용자 방문이 급격하게 증가하는 경우다—직원 월급을 주고, 먹고 사는 데 문제가 없다고 방심하면 안 된다. 또한, 직원 전체가 나서 "사장님, 저희가 월급 20%를 반납하겠

---

2 "Insight From Dropbox: Failure Is Not The Worst Outcome, Mediocrity Is." blog, 2011

습니다"고 말하는 상황이면 '감동의 휴먼 스토리' 만들지 말고 바로 벤처 문 닫으라. 창업자도 직원도 더 좋은 기회를 찾아야 한다. 그냥 먹고 사는 정체된 스타트업을 운영하기보다는 더 늦기 전에 빨리 정리하고 빨리 재기하라.

§ § §

* 참고로 여기서 말하는 정체된 상태는 **제33계명**의 꾸준한 성장과는 다르다.

Just Do It: 일단 저지르자

제39계명

이 책의 마지막이자 처음으로 돌아가자. 창업자와 예비 창업자가 내게 자주 건네는 질문을 38개로 분류해서 답했다. 결국 가장 중요하면서도 먼저 실천해야 하는 건 처음에 강조한 '시작'이다.

"배기홍 님. 저, 질렀습니다." 이 말이 듣고 싶다. '조금 더 고민해보겠다', '아직 결정 못 했다'는 이제 너무 많이 들어서 질린다.

많은 분이 새로운 도전을 하고 싶어 하지만 아직 준비가 안 됐다고 생각한다. 그러나 완벽하게 준비를 하고 창업한 사람은 없다. 일단 저지르고 시행착오를 겪으면서 매일 새로운 사실을 배우는 거 자체가 창업이다.

Start

독자 여러분께는 너무 복잡하게 생각하지 말고 일단 시작하라고 권한다. 분명히 몇 년 후에 지금보다 훌륭한 사람이 될 것이다. 벤처의 성공·실패 여부와는 무관하게 오히려 "조금 일찍 시작할걸!" 하면서 후회하리라.

세상은 급변한다. 금융 시장·고객·자연재해도 통제 불능이다. 기술의 변화도 우리가 멈출 수 없다. 결국, 우리가 통제할 수 있는 건 각자 인생뿐이다. 어떤 대기업도 나만큼 나를 생각해주지는 않는다.

Just Do It!

§ § §

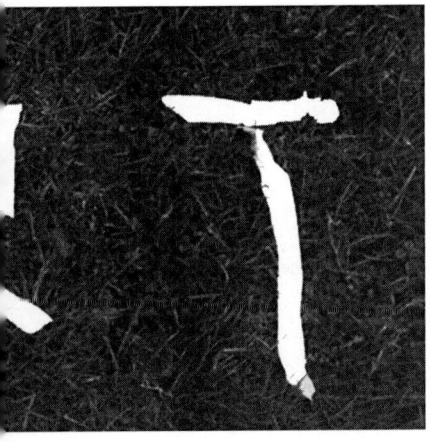

'스타트업' 호가 가라앉을 때

부록

 살아남으려고 손에 피를 묻힌 이야기는 아무도 말해주지 않는다. 지금부터 전하는 내용은 내 벤처가 망할 징조가 보이면 행할 수칙이다.

창업자 대부분이 겪을 시나리오니 읽으면서 마음의 준비를 해보자. 그래야 나중에 실전에서 잘 대처한다.

2008년 12월 뮤직쉐이크는 비상경영체제에 돌입했다. 구두로 투자 약속을 했던 투자자들이 불과 며칠 만에 투자를 보류하더니 결국에는 투자를 받지 못했다. 같은 해 9월 리먼 브라더스 파산으로 시작한 세계적 불황이 우리를 덮쳤다. 황당했다. 그러나 시간이 많지 않았다. 돈이 다 떨어지면 망하는 것이기 때문이다.

경영자는 월급날이 다가오면 고통스럽다. 이번 달은 어디서 변통하나? 겪어보지 않으면 모른다. 직원 눈 마주치기가 두렵다. 그동안에 구글이나 마이크로소프트가 우리 회사를 인수할 가능성은 없다. 결정을 빨리 내려야 했다. 나는 전기 코드를 뽑는 대신 수단과 방법을 가리지 않고 살아남아 보기로 했다. 나 자신도 의심스러웠다. 내가 과연 이럴 능력과 배짱이 있나?

난 연쇄 창업자 제이슨 칼라카니스의 조언을[1] 경청하고 실행해봤다. 밑에 나열한 9가지 수단을 강행할 자신이 없다면 지금 당장 배를 갈아타야 한다.

1. 전 직원의 50% 해고
2. 3개월 후 남은 직원의 50% 해고
3. 필요하면 남은 직원의 50%를 계속 해고

> 1
> "What to do if
> your startup
> is about fail
> or "Don't Stop
> Believing"."
> blog,
> 2009

선장과 선원의 행동강령

4. 12개월 동안 정신적인 스트레스로 밤잠을 설침
5. 80% 이상 진행된 계약들이 하루아침에 무산되는 상황을 그냥 바라만 보고 있음
6. 잘나갈 때는 제발 한번 만나달라던 사람이 갑자기 내 전화나 이메일을 완전히 무시
7. 언제는 우리 회사가 마치 제2의 페이스북인 마냥 보도하던 기자와 연락이 끊김
8. 가족과 지인에게 "네, 뭐 그럭저럭 잘 되고 있습니다."라고 거짓말하기
9. 상황 해결 전까지는 단돈 일 원의 월급도 가져가지 않기

뮤직쉐이크는 한때 직원이 35명이었는데 2009년 어느 시점에 12명까지 줄었다. 그 후(後)로 늘지 않았다. 그리고 우리 사무실 전화기는 언제부터인가 조용해졌다.

활주로가 얼마나 남았습니까?

현재 은행에 남아 있는 돈으로 회사가 언제까지 연명할 수 있는지 계산한다. 즉, **활주로**를 계산해야 한다. 계산은 쉽다. 현재 남아있는 현금을 매달 발생하는 비용으로 나누면 된다. 그러면 몇 개월 살 수 있는지 답이 나온다. 우리는 활주로가 4개월도 되지 않았다.

활주로가 정의됐으면, 직원 모두가 활주로를 연장해야 한다. 비용 절감·매출 증가 중 비용 절감이 가장 쉽다. 직원을 과감하게 해고하고, 건물주와 흥정해서 사무실

> 활주로
> runway
> 수익을 만들지 못하는 스타트업이 현재 가진 돈으로 생존할 수 있는 기간

월세를 깎고, 불필요한 청구서를 대폭 줄여야 한다. 그리고 매출을 두 배로 증가시킬 방법을 고민한다. 만약 잘돼서 단기간에 비용을 낮추고 매출을 높인다면 활주로가 2배 연장된다. 또한, 매일매일 마른 수건을 짜듯이 비용 구조를 개선할 방법을 궁리한다. 아낄 방법은 항상 있다. 월세를 100만 원 낸다면, 건물주한테 가서 사정을 설명하고 앞으로 몇 개월은 50만 원으로 해달라고 빌어라. 한 달에 회식을 2번 했다면 이제 회식을 없애라. 치사하지만, 일단은 회사가 살아야 한다. 회사가 죽으면 다 끝이다.

해고, 울고 또 해고

인터넷 벤처의 비용 구조를 보면 1/2 이상이 인건비다. 그래서 비용을 절감하려면 해고는 필요악이다. 자, 만약에 활주로를 계산했는데 앞으로 12개월은 전혀 돈 나올 구석이 없고, 현재 은행에 남은 돈으로는 6개월 정도밖에 버틸 수 없다면? 직원의 1/3, 많게는 절반을 해고해야 한다. 구체적으로는 다음의 절차를 따르라:

1. 회사 생존에 큰 영향이 없는 직원 명단을 뽑아라. 담당자한테는 죄송하지만, 대개 홍보·마케팅·경리 직원이다. 있으면 도움이 되지만, 없어도 치명적이진 않다. 회사의 수익에 바로 보탬이 되지 않는다. 내보내거나 계약직으로 전환하라.

2. 남은 직원들의 연봉을 업계 평균치와 비교하라. 아주 비싼 직원을 내보내고 비슷한 수준의 사람을 평균 연봉에 구해보라. 쫓겨나는 사람은 서러

A plan to act on when the ship is sinking

울 것이고 '악덕 기업가'라고 욕하겠지만 달게 감수하라. 우리는 지금 6개월 후에 죽을 벤처를 살려보려고 수단과 방법을 안 가리는 상황이다. 결정이 하루 늦어지면 회사의 수명은 일주일씩 짧아진다는 것을 명심하라.

3. 평균 시장가보다 비싼 직원과 1대1 면담을 하라. 연봉을 삭감하고 대신 그만큼 스톡 옵션을 주겠다고 제안하라. 어떤 직원은 연봉 삭감은 죽어도 안된다고 한다면? 과감하게 내보내라.

4. 위의 1, 2, 3번 절차를 3개월 후에 다시 반복하라.

5. 위의 1, 2, 3번 절차를 필요할 때마다 반복하라.

'해고' 말은 쉬워도 해보면 어렵다. 미국 직장인은 해고 당하면 당장 다음 달부터 직장 의료보험이 끊기기 때문에 해고를 두려워한다. 왜냐면 미국 개인 의료보험은 아주 비싸고 병력이 있으면 가입을 안 받기도 해서다. 친하지 않은 직원에게 "너는 해고야."라고 하기도 어려웠지만, 개인적으로 친했던 직원 앞엔 입이 차마 안 떨어졌다. 죽고 싶었다. 그래도 경영자는 해고 결정을 내려야 한다. 참고로 나는 해고했던 사람과는 인간관계가 아예 끝났다. 서로 얼굴 보기 껄끄럽다. 회사 상사가 해고하면서 항상 습관처럼 말하는 게, "절대로 개인적인 감정은 없으니까 우리 밖에서 만나면 소주 한잔하면서 형·동생같이 지내자"다. 형·동생 오래가지 않는다. 이런 지경까지 왔다면 인간적으로도 멀어진다. 어쩔 수 없다. 일하다 보면 적을 만들기도 있고 동료와 감정의 골이 생기기도 한다. 그게 인생이니까 그냥 잊자.

신기하게도 뮤직쉐이크는 12명의 직원이 내는 실적이 과거 30명의 실적보다 오히려 좋아졌다. 이런 현상을 설명하려고 산업공학과, 조직심리학 교수들과 학자들이 다양한 논문까지 발행한 걸로 알고 있다.

'악덕 기업가' 관점에서 보면, 위기는, 맘에 들지 않았던 직원을 내보내는 기회이기도 하다. 실제로 내 주위에는 2009년의 불경기를 잘 '활용'해서 맘에 들지 않던 직원을 다 정리하고 2010년에 새롭게 시작해서 성공한 벤처가 더러 있다.

다 팔아라 뭐라도 팔아라

억만장자 마크 큐번은 "영업이면 다 된다"는 말을 입에 달고 산다.[2] 그만큼 벤처가 살려면 영업이 필수다. 활주로가 6개월도 채 남지 않았다면 무조건 영업이다. 회사에 돈이 되면 뭐라도 해서 조금이라도 회사의 생명을 연장해야 한다. 솔직히 이 마당에 3개년 계획이니 장기 전략은 필요 없다. 죽는 마당에 건강 따지냐? 이때는 직원 전체가 나서서 제품을 팔아야 한다. 개발자·마케팅·회계·경리·사장 모두 상관없다. 배수진이다. 죽기를 각오하고 전원이 전투에 나서야 한다.

결론, 그리고 내가 배운 점

2009년은 롤러코스터였다. 절망, 걱정, 슬픔, 그리고 감동이 요동쳤다. 우리는 2009년 중반까지도 탈출구를 찾지 못했다. 언젠가부터 나는 절박한 심정으로 확률

[2] "Mark Cuban's 12 Rules for Startups." *Entrepreneur*, 2012

'스타트업' 호가 가라앉을 때 선장과 선원의 행동강령

게임에 나섰다. 확률이 1%라면 100번 도전하자. 스탠퍼드 대학 동문 주소록을 A~Z까지 훑으면서 유명 인사와 갑부의 연락처를 적어 놓고 하나씩 연락을 시도했다.

나이키 회장님이세요?

나는 스탠퍼드 MBA 출신인 나이키 창업자이자 회장인 필 나이트의 개인 번호를 얻었다. 아무리 얼굴에 철판을 깔고 영업을 해왔지만, 천하의 나이키 회장한테 직접 전화를 하려니 떨렸다. 연습 좀 하고 전화를 걸었다.

"여보세요?"

"안녕하세요. 나이트 회장님이신가요?"

"귀찮은 어투로 네, 맞아요. 누구시죠?"

"회장님, 저는 스탠퍼드 동문인 배기홍이라고 합니다. ..."

"네, 안녕하세요. 용건이?"

"저희 회사가 어렵습니다. 정신 나간 소리지만 200만 달러만 투자하면 5년 후에 5배 이상의 수익을 보장합니다."

"껄껄 웃으며 참 용감한 청년이군! 돈은 못 줘도 이름은 기억해두죠. 이름이 뭐예요?"

"*Kihong Bae*. 그런데 저는 제 이름을 기억하는 거보다 돈이 필요합니다. 회장님도 회사를 운영하시니 제 입장을 충분히 이해하리라 봅니다."

Phil Knight
"Son, you do have some balls!"

> "미안하지만 지금 바쁘고, 말했듯이 돈을 줄 수는 없어요. 그래도 이름은 기억하겠어요. 앞으로 연락 주시고 어떻게 지내는지 알려주세요."

나는 같은 대사를 다양한 유명 인사한테 해봤다. 하지만 당연히 매번 거절당했다. 이런 식으로 투자를 받는다는 건 말도 안 된다.

저기, 기적(奇跡)이 우네

2009년 12월에 기적이 일어났다. 우리는 18억 원을 투자받았다. 물론 하루아침에 투자가 성사되지는 않았다. 무려 9개월 동안 노력하고 기다린 결과였다.

2010년 1월 은행 계좌에 돈이 입금된 걸 보고 나는 내 친구이자 동료인 철이와 포옹을 했다. 영화에서나 보는 우정어린, 뜨겁고 힘찬 포옹이었다. 그리고 둘 다 말없이 한참 섰다. 축하 파티를 해야 하나? 우린 바로 컴퓨터 앞에 앉아 키보드를 두드렸다. 그동안 돈이 없어서 미뤄둔 일이 산더미였다. 나는 다시 전화기를 붙잡고 열심히 영업했다. 뮤직쉐이크 호는 항해를 재개했다.

여보 고마워

정확히 말하자면 나는 11개월 동안, 집으로 단 한 푼도 가져오지 못했다. 회사에 돈이 없어서 못 가져왔다. 1997년 IMF 사태를 겪어본 분이라면 이게 말보다 쉽지 않다는 걸 잘 아시리라. 나는 이 위기를 아내에게 어떻게 알려야 할지 고민했다. 그런데 막상 말하고 난 뒤 아내의 반응은 담담했다. 오히려 내가 초조하자 "곧 투

A plan to act on when the ship is sinking

자받겠지. 뭐, 그렇다고 우리가 굶어 죽겠어"라며 다독거려줬다. 여자는 보기보다 강하다. 나는 아내에게 큰 빚을 졌고, 앞으로 몇 배로 갚겠다고 다짐했다.

고맙다, 친구야

❝어려울 때 옆에 있어주는 친구가 진정한 친구다."라는 격언을 실감했다. 솔직히 상황이 이렇게 되자 나랑 친한 척하거나 내 주위를 맴돌던 많은 사람이 하나둘씩 나를 떠났다. 그렇다고 내가 돈을 빌려달라고 말하거나 곤란한 부탁을 하지도 않았다. 이들은 내 전화를 피하기 시작했고 결국 완전히 연락이 끊겼다. 그러나 내 옆을 지키며 믿고 격려해준 친구들을 나는 기억한다. 친구들이여! 큰 빚 졌네. 이 은혜 평생 잊지 않을게.

육체적 건강

벤처가 어려울 때의 정신적인 스트레스는 말로 표현할 수 없다. 평소에 운동으로 건강을 유지하고 있으면 큰 보호막이 된다. 개인적으로는 격투기나 근력 운동 같은 규칙적이고 격렬한 육체 활동을 권한다.

리더십의 중요성

아무리 작고 수평적인 벤처라도 직원은 상사의 영향을 받으며 경영진을 바라볼 수밖에 없다. 그래서 어렵고 힘들어도 경영진은 절대로 당황하지 말고 평상심을 유지해야 한다. 자금이 절대적으로 부족한 뮤직쉐이크가 2009년을 무사히 넘길 수 있었던 큰 이유는 바로 포기하지 않았던 창업팀과 경영진의 뚝심이었다. 나는 상황

이 절박해도 우리 회사가 이 위기를 극복하지 못할 것
이라는 그 어떤 내색을 한 번도 보이지 않았다.

얼굴에 철판을 깔아라

남한테 도와달라고, 돈 달라고 부탁하는 걸 창피해하지
말라. 회사가 망하면 더 창피하다.

열심히 해도 잘 안된다

일을 하거나 공부를 하다 보면 "내일 시험인데 열심히
했으니까 잘 되겠지." 또는 "온 힘을 다해서 준비했으니
까 계약이 성사되겠지."라는 근거없는 희망을 품는다.
그러나 현실은 다르다. 열심히만 해서 잘되면 우리 주
위 모두 다 재벌이다. 그리고 열심히 공부한 사람은 모
두 다 서울대 갔다.

솔직히 내 주위에 열심히 하지 않는 사람은 없다. 열심
히 하고 기도만 하면 모든 게 다 잘 풀리는 건 어린이
동화에서나 있을 법한 이야기다. 열심히 하는 건 기본
이고 잘해야 한다.

실패를 두려워하지 말라

실패는 수치가 아니다. 한국에서는 사업에 실패하면 집
날리고 마누라가 도망간다고 하지만, 최소한 실리콘 밸
리에서의 실패는 오히려 주위의 다른 창업자들의 존경
과 동경심을 받는 무공 훈장이다. 벤처도 결국은 숫자
와 돈으로 하는 게임이다. 첫 게임에서 지면 항상 그다
음 게임이 있다. 다음 게임을 준비하자. 그럼 된다.

'스타트업' 호가 가라앉을 때 선장과 선원의 행동강령

2009년은 뮤직쉐이크뿐만 아니라 모두에게 힘들었던 해였을 것이다. 운이 따르지 않아서 실패한 분도, 나와 같이 운 좋게 살아남은 분도 있을 것이다. 많이 느꼈고, 배웠고, 앞으로는 더 잘할 수 있다는 자신감을 갖자.

어떤 할리우드 영화에서 주인공은 "결국 내일은 내일의 태양이 떠오르니까."라는 대사를 남겼다. 닳고 닳은 말이지만, 난 이 말이 좋다. 내일은 내일의 태양이 떠오르지만, 오늘의 태양을 어제보다 밝게 만들고 내일의 태양을 오늘보다 밝게 만드는 건 결국 개개인의 마음가짐이다. 성공은 마음가짐이다.

# # #

끝마치면서

> "앞으로 최소 6~12개월 동안 단 한 푼의 월급도 못 받으면서 일주일에 100시간 이상 일해야 하는 데 자신있나?" 스스로에게 물어보자. 물론 모두가 다 창업을 할 수 있는 건 아니다. 그렇다고 원하는 것도 아니다. 그래도 이 책을 샀다면, 그리고 소중한 시간을 들여서 여기까지 읽으셨다면, 분명히 여러분에게는 삶의 주인이 되거나 꿈을 추구하고 싶어하는 마음이 조금이라도 있다고 생각한다.

Morgan Freeman
"If you do what you love, you'll never have to work a day in your life."

영화배우 모건 프리먼은 "진심으로 좋아하는 걸 직업으로 삼으면, 평생 단 하루도 일이 노동 같이 느껴지지 않을 겁니다."고 어떤 시상식에서 말했다. 감동이다. 내가 하고 싶은 말을 대신 해주었다.

아직도 아내는 남편을 불안한 눈빛으로 보면서 (속으로) 걱정한다. 한국에 계신 우리 부모님과 장인·장모님 또한 안타깝게 생각하고 계시리라. 왜 좋은 학교에서 MBA 과정을 마친 후 고액 연봉 주는 선망의 대기업에서 때깔 나게 살지 않을까? 왜 사서 고생해? 뭐 분명히 이런 질문을 속으로 하고 계실 거로 생각한다.

그걸 다 알고, 항상 미안하게 생각하면서도, 나는 오늘도 새로운 일을 시작한다. 나는 한 번 사는 인생을 최대한 가치 있게 살려고 하루하루 최선을 다한다. 나는 창업가 정신이 인생을 가치 있게 만든다고 믿는다.

Life gets ßeta

마이크로소프트, 애플, 구글, 스타벅스 모두 스타트업으로 시작했다. 이들은 이미 수십 년 전에 인류의 삶에 대한 비전을 그렸고, 열심히 노력해서 그 비전을 현실화했다. 이게 바로 벤처 정신의 힘이다. 벤처 정신은 인터넷 회사를 창업해서 돈을 번다는 좁은 의미가 아니다. 우리의 인생을 살아가는 자세다.

링크드인 공동 창업자 리드 호프먼은 창업자가 된다는 게 단순히 사업만 하는 것이 아니라 세상을 살아가는 방식이라고 했다. 창업자는 남이 안 된다고 하는 곳에서 가능성을 발견하고, 남이 도망갈 때 위험을 감수한다. 이런 삶의 방식은 모든 사람이 인생을 가치 있게 살려면 필요한 자세라고 한다.[1] 즉, 창업가 정신은 바로 인생 성공의 열쇠다.

대학을 졸업하고 직장에 취직하면 우리는 남과 똑같은 길을 간다. 우리는 직장이라는 조직 안에서 조직원이 된다. 자기계발이나 발전이라는 엔진은 서서히 죽는다. 하지만 태양은 매일 우리에게 스스로 발전할 새로운 기회를 제공한다.

기회를 놓치지 않으려면 우리는 계속 자신을 업그레이드해야 한다. 소프트웨어 개발 과정에서 베타 제품을 지속해서 수정·보완하는 것과도 같다.

1
The Start-up of You. Crown Publishing Group, 2012

우리는 이런 정신을 '영원한 베타(*permanent beta*)'라고 한다. 끊임없는 자기계발을 통해서 풍요로운 인생을 살려는 정신이며, 모든 창업자가 가져야 할 기본자세다. 창업하면 좋지만, 안 해도 된다. 어차피 창업이 모두를 위한 건 아니다. 하지만 이를 떠나서 독자 여러분도 영원한 베타의 삶을 살면서 끊임없이 도전하길 바란다. 그래서 인생의 진정한 행복과 자유를 찾길 기원한다.

2012년 7월, 캘리포니아 로스앤젤레스에서

배기홍

참고문헌

서문

[1] p. 17
"40 Under 40."
Fortune, 2011.

제1계명 .... 시작이 전부다

[1] p. 21
Tsotsis, Alexia.
"Jack Dorsey: The Hardest Thing For Any Entrepreneur Is To Start."
TechCrunch, 2011.

제2계명 .... 벤처 현장은 대학 계급장이 필요없는 전장이다

[1] p. 28
Chafkin, Max.
"Future TechStars, Step Forward."
Inc., 2012.

[2] p. 28
Tedeschi, Bob.
"Top 10 Android Apps."
The New York Times, 2010.

[3] p. 30
Fogarty, Robert X.
"Dear Future Entrepreneur: The Inc 500s' Messages to the Future."
Inc., 2011.

제3계명 .... MBA 갈 돈으로 창업하라

[1] p. 33
Wadhwa, Vivek.
"Is an MBA a Plus or a Minus in the Startup World?"
TechCrunch, 2010.

[2] p. 36
Korn, Melissa.
"Move Over M.B.A.s, Here Come the Engineers."
The Wall Street Journal, 2012.

[3] p. 37
Housel, Morgan and Chokkavelu, Anand.
"Warren Buffett on Sex."
The Motley Fool, 2009.

QR 코드를 휴대폰으로 스캔해 보세요.

제4계명 .... 사업 계획서는 필요 없다
  ¹ p. 41
  "Y Combinator FAQ."
  Web.

제5계명 .... 혼자 창업하지 말라
  ¹ p. 47
  Graham, Paul.
  "The 18 Mistakes That Kill Startups – 1. Single Founder."
  Blog, 2006.

  ² p. 48
  Marmer, Max & Herrmann, Bjoern Lasse & Dogrultan.
  "Startup Genome Report Extra on Premature Scaling."
  2011.

  ³ p. 49
  백강녕.
  〈[2012년을 묻는다] 세계의 인재와 돈 끌어모을 한국 기업 곧 나온다〉.
  《조선일보》, 2011.

  ⁴ p. 49
  "Steve Jobs."
  CBS, 2008.

제6계명 .... 창업은 저렴하다 I
  ¹ p. 52
  Swartz, Jon.
  "Peter Thiel's newest venture: $100,000 fellowships."
  USA TODAY, 2011.

  ² p. 53
  Graham, Paul.
  "Could VC Be a Casualty of the Recession?"
  Blog, 2002.

  ³ p. 54
  Al Reisman.
  "Guy Kawasaki: Starting a Business: Answer to Lost Jobs?"
  ethix, 2010.

제7계명 .... 창업은 저렴하다 II
  ¹ p. 59
  Bussgang, Jeff.
  "Two Venture Capital Industries – But One Lean Start-Up."
  Blog, 2010.

references

[2] p. 60
Kolodny, Lora.
"Digital Lumens Closes $10 Million to Bring Smart, LED-Lighting to the Industrial Market."
TechCrunch, 2011.

제8계명 .... 창업은 발명이 아니다

[1] p. 68
Kissel, Mary.
"Space: The Next Business Frontier."
The Wall Street Journal, 2011.

[2] p. 68
Kirkpatrick, David.
"The Accidental Activist."
Vanity Fair, 2011.

[3] p. 69
Barret, Victoria.
"Dropbox: The Inside Story Of Tech's Hottest Startup."
Forbes, 2011.

[4] p. 70
Zelman, Josh.
"A Bad Flight & Terrible Customer Service Created ZocDoc."
TechCrunch, 2012.

[6] p. 71
Silverman, Dwight.
"A simple lesson learned from Steve Jobs."
chron.com, 2011.

[7] p. 71
Gladwell, Malcolm.
"The Tweaker: The real genius of Steve Jobs."
The New Yorker, 2011.

제10계명 .... 개발자와 동업하라

[1] p. 86
Hindman, Nate C.
"Mark Zuckerberg: 'We Buy Companies To Get Excellent People'."
The Huffington Post, 2010.

[2] p. 86
이균성.
〈장병규 첫눈 사장의 결단〉.
《아이뉴스24》, 2006.

QR 코드를 휴대폰으로 스캔해 보세요.

제11계명 .... 명품에는 명품 디자이너가 필요하다
    [1] p. 90
    Allen, Enrique.
    "Silicon Valley's New Secret Weapon: Designers Who Found Startups."
    Fast Company, 2012.

    [2] p. 91
    이영혜.
    〈정태영 현대카드 대표〉.
    《월간 디자인》, 2012.

    [3] p. 91
    임나리.
    〈한국의 디자인 프로젝트 베스트 5〉.
    《월간 디자인》, 2012.

제12계명 .... 벤처는 인재를 자양분으로 삼아 성장한다
    [1] p. 94
    Rusli, Evelyn.
    "New CEOs Should Spend More Than 50% Of Their Time Recruiting."
    TechCrunch, 2010.

    [2] p. 95
    Silverman, Rachel Emma.
    "No More Résumés, Say Some Firms."
    The Wall Street Journal, 2012.

제13계명 .... VC는 NO라고 말하지 않는다
    [1] p. 100
    Tozzi, John.
    "The Truth About Venture Capital."
    Bloomberg Businessweek, 2008.

제14계명 .... VC는 전지전능한 신이 아니다
    [1] p. 107
    Keen, Andrew.
    "Keen On... Vinod Khosla: "I've Failed More Times Than I've Succeeded"."
    TechCrunch, 2011.

    [2] p. 108
    Wilson, Fred.
    "Airbnb."
    Blog, 2011.

references

[3] p. 109
"Anti-portfolio."
Bessemer Venture Partners.

[4] p. 109
Austin, Scott.
"Tech Flops of the Year: The BlackBerry Tablet, Color's Mobile App and Solyndra."
The Wall Street Journal, 2011.

제15계명 .... 벤처 투자는 태평양을 건너기 어렵다
[1] p. 113
Geron, Tomio.
"Y Combinator's Paul Graham On The $150K Per Start-Up Offer."
The Wall Street Journal, 2011.

제16계명 .... 태평양을 건너 실리콘 밸리로 오라
[1] p. 123
Graham, Paul.
"Why to Move to a Startup Hub."
2007.

[2] p. 123
Startup Visa.
Wikipedia.

제17계명 .... 가족이 투자하겠다면 축복이다, 받아라
[1] p. 129
O'Brien, Tia.
"The Millionaires Next Door."
Stanford Magazine, 1997.

[2] p. 129
Livingston, Jessica.
Founders at Work : Stories of Startups' Early Days.
Apress, 2008.

제18계명 .... 잠재적인 투자자는 온갖 행색으로 다가온다
[1] p. 134
Freedman, David H.
"Evernote: Company of the Year."
Inc., 2011.

QR 코드를 휴대폰으로 스캔해 보세요.

제19계명 .... 투자는 최대한 많이 받아서 비상시에 대비하라
 ¹ p. 140
 Livingston, Jessica.
 Founders at Work : Stories of Startups' Early Days.
 Apress, 2008.

 ² p. 140
 Andreessen, Marc.
 "The Pmarca Guide to Startups: How much funding is too little? Too much?"
 Blog, 2009.

제20계명 .... 지분은 희석된다
 ¹ p. 147
 Yoon, Phil.
 스타트업과 자회사에 대한 나의 생각.
 Blog, 2012.

 ² p. 147
 Kafka, Peter.
 "Yet Another Facebook Price: Employee Shares Sold At Valuation "North Of $6 Billion"."
 Business Insider, 2008.

제22계명 .... 특허는 기술 독점을 보장하지 않는다
 ¹ p. 158
 Rao, Leena.
 "JDate Slaps Zoosk, OkCupid, & 2RedBeans With Patent Lawsuit Over Secret Admiring."
 TechCrunch, 2011.

제23계명 .... 빨리 똑소리 나는 MVP를 만들라
 ¹ p. 163
 Ries, Eric.
 "Creating the Lean Startup."
 Inc., 2011.

제24계명 .... 덜 분석하고 자주 실험하라
 ¹ p. 170
 Welch, Liz.
 "The Way I Work: David Sacks, Yammer."
 Inc., 2011.

references

제25계명 .... 하나만 잘하라
    [1] p. 178
    임원기.
    〈'시대'를 읽고, '사람'을 찾는 게임 업계의 신화〉.
    《한국경제매거진》, 2012.

    [2] p. 180
    Morris, Betsy.
    "Steve Jobs speaks out."
    Fortune, 2008.

제26계명 .... 프리미엄(Freemium) 서비스로 미끼를 던지라
    [1] p. 183
    Freedman, David H.
    "Evernote: Company of the Year."
    Inc., 2011.

제27계명 .... 영업과 마케팅에 돈 낭비 말라
    [1] p. 188
    Schonfeld, Erick.
    "Fred Wilson: "Marketing Is For Companies Who Have Sucky Products"."
    TechCrunch, 2011.

    [2] p. 190
    Freedman, David H.
    "Evernote: Company of the Year."
    Inc., 2011.

    [3] p. 190
    Schonfeld, Erick.
    "Atlassian's 2011 Revenues Were $102 Million With No Sales People."
    TechCrunch, 2012.

제28계명 .... 봉이 김선달이 마케팅을 해도 제품이 나쁘면 황이다
    [1] p. 196
    Lapowsky, Issie.
    "Case Study: Josh Levy and Ross Cohen of BeenVerified."
    Inc., 2011.

QR 코드를 휴대폰으로 스캔해 보세요.

제29계명 .... 고객의 말을 듣고, 답하고, 문제를 개선하라

[1] p. 203
Kessler, Andy.
"The Button That Made Facebook Billions."
The Wall Street Journal, 2012.

[2] p. 204
Fowler, Geoffrey A.
"The Man Who Got Us to 'Like' Everything."
The Wall Street Journal, 2011.

제30계명 .... 최고의 개밥 요리사는 개밥을 직접 먹는다

[1] p. 207
U.S. Pet Ownership Statistics.
2011.

[2] p. 209
Ben Parr.
"If Google's Management Doesn't Use Google+, Then Why Should You?"
Mashable, 2011.

[3] p. 210
Helft, Miguel and Hempel, Jessi.
"Facebook vs. Google: The battle for the future of the Web."
Fortune, 2011.

[4] p. 210
Tsotsis, Alexia.
"Zuckerberg: "I Really Do Use Facebook All Day Long.""
TechCrunch, 2011.

[5] p. 210
Efrati, Amir.
"The Mounting Minuses at Google+."
The Wall Street Journal, 2012.

[6] p. 211
Pofeldt, Elaine.
"3 small businesses take on the big boys."
Fortune, 2011.

제31계명 .... 벤처 근성은 기본이다

[1] p. 215
Stevenson, Howard H and Jarillo, J C.
"A paradigm of entrepreneurship: Entrepreneurial management."
Strategic Management Journal, 1990.

references

[2] p. 217
Wilson, Fred.
"Airbnb."
Blog, 2011.

제33계명 .... 매 순간 전력질주를 하면 장거리를 못 간다
[1] p. 229
Collins, Jim and Hansen, Morten T.
Great by choice : uncertainty, chaos, and luck : why some thrive despite them all.
HarperBusiness, 2011.

[2] p.231
Furr, Nathan.
"#1 Cause of Startup Death? Premature Scaling."
Forbes, 2011.

[3] p. 232
Allen, Woody and Kapsis, Robert E. and Coblentz, Kathie.
Woody Allen : interviews.
University Press of Mississippi, 2006.

제35계명 .... 소셜 네트워킹은 초기에만 영향가 있다
[1] p. 239
Lacy, Sarah.
"Disrupt Alum Trippy Raises $1.75 Million Thanks to Ribs and Fried Chicken."
TechCrunch, 2011.

제36계명 .... 팔 수 있을 때 (계산기를 두들겨보고) 팔라
[1] p. 244
Hogg, Sam.
"Why I Decided to Take the Money and Sell My Startup."
Entrepreneur, 2011.

제37계명 .... 창업자 엔진은 녹슬지 않는다
[1] p. 249
Vance, Ashlee and MacMillan, Douglas.
"Asana: Dustin and Justin's Quest for Flow."
Bloomberg Businessweek, 2011.

제38계명 .... 근근이 먹고 사느니 과감하게 실패하라
> [1] p. 254
> Bourland, Andrew.
> Test Whizzes Score 2400 on SAT: Launch New SAT Training School.
> blip.tv, 2006.

> [2] p. 255
> Shah, Dharmesh.
> "Insight From Dropbox: Failure Is Not The Worst Outcome, Mediocrity Is."
> onstartups.com, 2011.

부록 .... '스타트업' 호가 가라앉을 때 선장과 선원의 행동강령
> [1] p. 262
> Calacanis, Jason.
> "What to do if your startup is about fail (or "Don't Stop Believing")."
> Blog, 2009.

> [2] p. 266
> Cuban, Mark.
> "Mark Cuban's 12 Rules for Startups."
> *Entrepreneur*, 2012.

끝마치면서
> [1] p. 275
> Hoffman, Reid and Casnocha, Ben.
> *The Start-up of You*.
> Crown Publishing Group, 2012.

부록 2 - 등장 인물

외국 인명은 국립국어원이 정한 현행 외래어 표기법을 따릅니다.
내용은 한국어와 영어 위키피디아를 참조했습니다.

JR 존슨 .... J. R. Johnson
Trippy.com 공동 창업자. .... p. 239

가 이 가와사키 .... Guy Kawasaki
VC. 애플의 전설적인 마케터. 창업 인기도서 작가. 주요 저서 《당신의 기업을 시작하라》(2005). .... pp. 33, 54

더 스틴 모스코비츠 .... Dustin Moskovitz
하버드 경제학과 중퇴. 페이스북 공동 창업자. 아사나 공동 창업자.. p. 249

드루 하우스턴 .... Drew Houston
온라인 백업 및 저장 서비스를 제공하는 드롭박스 창업자. 성(姓)을 하우스턴으로 발음한다. .... pp. 69, 254

딕 코스톨로 .... Dick Costolo
피드버너 (구글에 매각) 공동 창업자. 2012년 현재 트위터 CEO. ...... p. 210

라 이트 형제 .... Wright Brothers
미국의 항공 기사·비행기 제작자. 인류 최초의 동력 비행에 성공. .... p. 82

래리 페이지 .... Larry Page
스탠퍼드 대학 전산학 박사과정 중퇴. 구글 공동 창업자, 2012년 현재 구글 사장. .... pp. 108, 169, 209

루 퍼트 머독 .... Rupert Murdoch
호주 출생의 미디어 재벌, 뉴스 코퍼레이션 회장. .... p. 242

리드 호프먼 .... Reid Hoffman
미국 창업가, VC. LinkedIn 공동 창업자. .... pp. 119, 275

리처드 브랜슨 .... Richard Branson
영국 버진 그룹(Virgin Group)의 회장. .... p. 68

마 크 앤드리슨 .... Marc Andreessen
미국 창업가, 투자가, 소프트웨어 엔지니어. 넷스케이프 공동 창업자. Ning 공동 창업자. 앤드리슨 호로위츠 VC 공동 대표. .... p. 140

마크 저커버그 .... Mark Zuckerberg
페이스북 창업자 겸 CEO. .... pp. 52, 97, 101, 122, 170, 207

QR 코드를 휴대폰으로 스캔해 보세요.

마크 큐반 .... Mark Cuban
    IT 업계 거물이자 투자자. NBA 댈러스 매버릭스 팀 구단주. ... pp. 214, 266

맬컴 글래드웰 .... Malcolm Gladwell
    저널리스트, 《뉴욕 타임스》 인기 도서 작가. .... p. 71

비

노드 코슬라 .... Vinod Khosla
    썬 마이크로시스템즈 공동 창업자. 실리콘 밸리의 VC. .... pp. 94, 107

비벡 와드화 .... Vivek Wadhwa
    하버드 대학교 법대 수석연구원, UC버클리의 객원교수, 창업가. ..... p. 29

빌 원 .... Bill Nguyen
    컬러 랩 공동 창업자 겸 사장. 성(姓) Nguyen은 '응우옌'으로 표기하지만 《
    포브스》 기사를 보면 '윈(win)'이라고 읽는다. .... pp. 109, 248

세

르게이 브린 .... Sergey Brin
    스탠퍼드 대학 전산학 박사과정 중퇴. 구글 공동 창업자. ...... pp. 108, 169

스티브 비시난자 .... Steve Vicinanza
    미국 블루웨이브 컴퓨팅 창업자이자 사장. .... p. 30

스티브 워즈니악 .... Steve Wozniak
    애플 컴퓨터 공동 창업자. 애플 I, 애플 II를 혼자 설계함. .... p. 120

아

문센 .... Amundsen
    인류 최초로 남극점과 북극점을 탐험한 노르웨이의 탐험가. .... p. 229

앤드루 메이슨 .... Andrew Mason
    그루폰 창업자 겸 CEO. .... pp. 89, 243

에릭 리스 .... Eric Ries
    실리콘 밸리 기업가이자 린 스타트업 운동을 주도한 작가. .... p. 162

에릭 슈밋 .... Eric Schmidt
    전 썬 마이크로시스템즈 최고 기술 책임자. 구글의 이사회 회장. .... p. 209

우디 앨런 .... Woody Allen
    미국 영화감독이자 각본가, 배우, 음악가, 코미디언. .... pp. 169, 232

cast

워런 버핏 .... Warren Buffett
　미국의 기업인이자 투자가. '오마하의 현인'. 2010년 현재 《포브스》 선정
　세계 3번째 부자. .... p. 37

잭도시 .... Jack Dorsey
　트위터 발명자. 스퀘어(Square) 창업가 겸 CEO. .... pp. 21, 68

제이슨 칼라카니스 .... Jason Calacanis
　미국 창업가, 블로거. Mahalo.com 창업자. .... p. 262

존 크라프트 .... Jon Kraft
　2011년에 상장한 판도라 미디어의 공동 창업자이자 초대 CEO. .... p. 136

짐 콜린스 .... Jim Collins
　경영 컨설턴트. 저서로 《성공하는 기업들의 8가지 습관》(2002), 《좋은 기
　업을 넘어 위대한 기업으로》(2007), 《위대한 기업의 선택》(2012)이 있다. . .
　... p. 229

찰스 시모니 .... Charles Simonyi
　미국 팰러앨토 연구소에서 최초로 위지위그 워드 프로세서 개발. ... p. 120

채드 헐리 .... Chad Hurley
　유튜브의 공동 창업자. AVOS Systems 공동 창업자. .... p. 89

토니 콘래드 .... Tony Conrad
　트루 벤처스 파트너. .... p. 239

폴그레이엄 .... Paul Graham
　프로그래머, 벤처 기업 투자가, 블로거. 비아웹, Y 콤비네이터 공동 창업.
　.. pp. 47, 53, 81

폴 매리츠 .... Paul Maritz
　'Eating our own Dogfood'라는 표현의 창시자. VM웨어 CEO. p.208

프레드 윌슨 .... Fred Wilson
　뉴욕 유니온 스퀘어 벤처스 공동 창업자. 트위터, 텀블러, 포스퀘어, 징가
　에 투자. .... pp. 108, 188, 194, 217

QR 코드를 휴대폰으로 스캔해 보세요.

피터 티엘 .... Peter Thiel
    페이팔(PayPal) 공동창업자. 투자가. 페이스북 주주................... p. 52

한 킴 .... Han Kim
    알토스 벤처스 대표. .... p. 109

김정주 ....
    서울대학교 컴퓨터공학과 학사, KAIST 전산학과 석사 과정을 마쳤으며 박
    사 과정 중 넥슨 창업. .... p. 178

장병규 .... Byung Gyu Chang
    연쇄 창업가, 본엔젤스 파트너. .... pp. 86, 249

정세주 .... Saeju Jeong
    미국 눔 창업자 겸 CEO. .... p. 28

정태영 ....
    현대카드 CEO. .... p. 91

부록 3 - 회사·서비스 사전

외국 명은 국립국어원이 정한 현행 외래어 표기법을 따릅니다.
내용은 한국어와 영어 위키피디아를 참조했습니다.

G메일 ....Gmail
　　　구글 웹메일 서비스. .... p. 184
HP .... Hewlett-Packard Company
　　　미국 전자통신 기업. .... p. 120
IGN 　컴퓨터·비디오 게임의 뉴스와 리뷰를 제공하는 미국 사이트. .... p. 95
IITs .... Indian Institutes of Technology
　　　인도 최고의 공과대학. 2012년 현재 인도 각지에 16개의 분교가 있다. p. 29
IMVU 　회원이 3D 아바타 모습으로 사람을 만나거나 게임을 하는 온라인 엔터테
　　　인먼트 웹사이트. .... p. 163
J데이트 ....JDate
　　　유대인 미혼을 대상으로 한 온라인 데이팅 서비스. .... p. 158
MIT .... Massachusetts Institute of Technology
　　　미국 매사추세츠 주(州)에 있는 종합사립대학. .... pp. 37, 254
NHN 　한국 인터넷 포털 기업. .... pp. 86, 250
Ok큐피드 .... OkCupid
　　　무료 데이팅, 소셜 네트워킹 사이트. .... p. 158
VM웨어 ....VMware
　　　x86 호환 컴퓨터를 위한 가상화 소프트웨어를 공급하는 회사. .... p. 291
Y 콤비네이터 .... Y Combinator
　　　소액투자와 창업지원을 하는 미국 벤처 펀드.. .... pp. 81, 113, 123, 217
2레드빈스 2RedBeans
　　　중국인 미혼을 대상으로 한 온라인 데이팅 서비스. .... p. 158
4인포 　　. .... 4INFO
　　　앱을 홍보를 전문적으로 하는 광고 및 SMS 문자 서비스 회사. .... p. 196
겟새티스팩션 .... Get Satisfaction
　　　인터넷 고객 지원 서비스 회사. .... p. 201

QR 코드를 휴대폰으로 스캔해 보세요.

구글 .... Google
미국의 웹 검색 엔진 회사..... pp. 86, 108, 114, 120, 153, 169, 179, 209, 243

구글 보이스 .... Google Voice
2011년 구글에서 출시한 통신 서비스. .... p. 54

그루폰 .... Groupon
미국 소셜 커머스 회사. .... pp. 16, 89, 243

기프트집 .... GiftZip
전자 카드 판매 회사. 대형 상품권·기프트카드 회사에 매각됨. .... p. 244

나이키 .... Nike
스포츠 의류, 용품 제조사. .... p. 267

네오위즈 .... NEOWIZ
1997년 인터넷 접속 프로그램 '원클릭'을 시작으로, 2007년 지주회사 체제로 새롭게 출범했다. .... p. 249

넥슨 .... NEXON
일본 게임 제작·배급사. 2011년 12월 일본 증시에 상장. .... pp. 16, 47, 178

눔 .... Noom, Inc.
카디오트레이너(CardioTrainer) 앱 제작사. .... p. 28

뉴스 코퍼레이션 .... News Corporation
시가총액상 세계 최대의 미디어 복합기업. .... p. 326

디자이너 펀드 .... The Designer Fund
디자이너 출신 창업자에게 투자하는 디자이너 커뮤니티. .... p. 90

디지털 루멘스 .... Digital Lumens
산업용 LED 조명 기술 회사. .... p. 60

디지털 스카이 테크놀로지 .... Digital Sky Technologies
인터넷 분야에만 초점을 맞춘 국제 투자 회사. .... p. 113

라 미디어 .... la la media
인터넷 음악 서비스 제공 회사. 2009년 12월 애플 사(社)에서 인수. .. p. 248

businesses & services

랙스페이스 .... Rackspace
    미국 텍사스 주(州)에 있는 IT 호스팅 회사. .... p. 54

레딧 .... Reddit
    등록 사용자가 직접 뉴스를 올리는 소셜 뉴스 웹사이트. .... p. 54

로비오 엔터테인먼트 .... Rovio Entertainment
    핀란드의 대표적인 스마트폰 게임 개발사. .... p. 179

로지텍 .... Logitech International
    컴퓨터 주변 기기 제조사. .... p. 120

리걸줌 .... LegalZoom.com
    인터넷 법률 문서화 서비스 회사. .... p. 248

리먼 브라더스 .... Lehman Brothers
    1850년에 생긴 다각화된 국제 금융 회사. 2008년에 파산. .... p. 262

리플레이TV .... ReplayTV
    디지털 비디오 녹화기 제조사. .... p. 140

링크드인 .... LinkedIn
    비즈니스 소셜 네트워크 사이트. .... pp. 16, 275

마 이스페이스 .... MySpace
    미국 캘리포니아 주(州) 소셜 네트워킹 웹사이트. .... pp. 170, 244

마이크로소프트 .... Microsoft
    미국 워싱턴 주(州)에 있는 다국적 소프트웨어 기업. .... pp. 70, 208

매셔블 .... Mashable
    미국 소셜 미디어 뉴스 웹사이트 및 인터넷 뉴스 블로그. .... p. 209

뮤직쉐이크 .... Musicshake
    일반인이 쉽게 음악을 만들 수 있는 음악 UCC 서비스. ....
    .... pp. 17, 37, 90, 100, 114, 135, 157, 164, 173, 194, 201, 217, 230, 238, 262

QR 코드를 휴대폰으로 스캔해 보세요.

미국 특허상표국 .... United States Patent and Trademark Office: USPTO
미국 상무부의 산하 기관으로 발명가와 사업자에게 발명에 대한 특허를 발행해주고 상품 및 지적 재산의 증명을 위한 상표 등록을 도와준다... p. 157

바

이어웹 .... Viaweb
온라인 상점 개설 응용프로그램. 1998년 야후!에 매각됨. .... pp. 81, 129

버진 그룹 .... Virgin Group
항공 사업, 미디어 사업, 관광 사업 등을 하는 영국 대기업. .... p. 68

블루홀 스튜디오 .... BlueHole Studio
한국 게임 개발사. TERA 게임 개발 및 퍼블리싱. .... p. 250

빈베리파이드 .... BeenVerified
온라인 흥신소. .... p. 196

사

우스웨스트 항공 .... Southwest Airlines
미국 저가 항공사로 총 여객 운송수로 세계 3위다. .... p. 230

사운드하운드 .... SoundHound
소리 인식 기술로 음악을 찾아주는 모바일 앱 제작사. .... p. 175

샤크 탱크 .... Shark Tank
2009년 8월 ABC 방송에서 시작된 리얼리티 TV 쇼. .... p. 214

세븐 네트워크 .... SEVEN Networks
무선 이메일 서비스 회사. .... p. 248

스탠퍼드 대학교 .... Stanford University
미국 캘리포니아 주(州)에 있는 사립 대학... pp. 28, 108, 120, 175, 150, 267

스트라이커 .... Stryker Corporation
미국 의료기술업체. .... p. 230

시스코 시스템즈 .... Cisco Systems
네트워킹, 통신 기술과 서비스를 판매하고 설계하는 미국 회사. ..... p. 120

썬 마이크로시스템즈 .... Sun Microsystems
1982년 창립된 미국 컴퓨터 회사. 2009년 4월 오라클이 인수. .... p. 120

businesses & services

아

사나 .... Asana
신개념의 생산성 향상 소프트웨어 업체. .... p. 249

아이비 리그 .... Ivy League
미국 동부에 있는 8개 명문 대학교. .... p. 29

아틀라시안 .... Atlassian
소프트웨어 개발자를 대상으로 하는 비즈니스 엔터프라이즈 소프트웨어를 만드는 기업. .... p. 190

알타비스타 .... AltaVista
인터넷 검색 엔진 회사. .... pp. 108, 169

애니모토 .... Animoto
일반인도 순식간에 높은 수준의 동영상을 제작하게 도와주는 웹 서비스. .... p. 177

애플 .... Apple Inc.
스티브 잡스와 스티브 워즈니악이 1976년에 설립한 미국 컴퓨터 회사 .... pp. 37, 70, 89, 109, 120, 180, 248

앵그리 버즈 .... Angry Birds
로비오 엔터테인먼트가 개발한 퍼즐 비디오 게임. p.179

야머 .... Yammer
미국 기업용 소셜 네트워크 서비스. 기업용 트위터라고도 함. .... p. 170

야후! .... Yahoo! Inc.
미국 인터넷 포털 사이트. .... pp. 81, 120, 169, 242

에버노트 .... Evernote
메모용 스마트폰 애플리케이션. .... pp. 133, 183, 190

에어비앤비 .... Airbnb
온라인 민박 중개 서비스. .... pp. 81, 90, 107, 216

엔비디아 .... Nvidia
컴퓨터용 그래픽 처리 장치를 개발, 제조하는 회사. .... p. 120

QR 코드를 휴대폰으로 스캔해 보세요.

| 엔써즈 | Enswers |
| 한국 동영상 검색 서비스. | p. 16 |

| 엣시 | Etsy |
| 미국의 전자상거래 사이트. 수제 공예품을 많이 취급. | p. 188 |

| 옐프 | Yelp, Inc. |
| 미국 온라인 비즈니스 리뷰 사이트. | p. 16 |

| 와튼 스쿨 | Wharton School of the University of Pennsylvania |
| 미국 펜실베니아 대학 경영대학원. | pp. 23, 28, 34 |

| 원박스 | Onebox |
| 인터넷 전화 상담원 서비스 회사. | p. 249 |

| 월드 오브 워크래프트 | World of Warcraft |
| 대규모 다중 사용자 온라인 롤플레잉 게임. | p. 180 |

| 유니버설 뮤직 그룹 | Universal Music Group |
| 가장 큰 비지니스 그룹 과 많은 음반사를 보유한 미국의 기업. | p. 194 |

| 유튜브 | YouTube |
| 동영상 공유 사이트. | pp. 53, 86, 89, 95, 164, 210, 234 |

| 이음 | |
| 한국 온라인 소개팅 서비스. | |

| 익사이트 | Excite |
| 1994년 설립된 웹 검색 엔진 사이트. | p. 129 |

| 인스타그램 | Instagram |
| 무료 사진 공유 프로그램. 2012년 4월 페이스북이 인수함. | |

| 잭슨 파이브 | The Jackson Five |
| 1964년에 마이클 잭슨 형제가 결성한 대중 음악 그룹. | p. 194 |

| 족닥 | ZocDoc |
| 미국 온라인 의료 예약 서비스. | p. 69 |

businesses & services

주스크 ....Zoosk
    소셜 네트워킹을 이용한 온라인 데이팅 서비스.......................... p. 158

징가 .... Zynga
    미국의 소셜 네트워크 게임 개발사. .... pp. 16, 108, 188, 248

카
네기 멜론 대학교..Carnegie Mellon University
    미국 상경계 대학 순위에서 항상 10위권 대학. .... p. 30

카디오트레이너 .... CardioTrainer
    달리기, 사이클링, 하이킹 등의 유산소 운동을 위한 트레이닝 앱. .... p. 28

컬러 ....Color
    연쇄 창업가 빌 원이 차린, 사진 공유 모바일 앱 서비스........pp. 109, 248

테
라 .... T.E.R.A
    중세 판타지 설정의 대규모 다중 사용자 온라인 롤플레잉 게임. ..... p. 250

테크크런치 .... TechCrunch
    세계 최고의 스타트업 뉴스 사이트.. .... p. 190

트리피 .... Trippy
    무료 웹 및 모바일 소셜 여행 도구. .... p. 239

트위터 .... Twitter
    소셜 네트워킹 겸 마이크로블로그 서비스. 저자 배기홍의 아이디는 @
    khbae다. .... pp. 21, 53, 68, 95, 108, 152, 170, 188, 201, 209, 234, 243

티보 .... TiVo
    디지털 비디오 녹화기 제작·판매 회사. .... p. 140

판
도라...Pandora
    뮤직 게놈 프로젝트에 기반을 둔 자동 음악 추천 시스템 및 인터넷 라디오
    서비스. 창업자 팀 웨스터그렌(Tim Westergren)은 벤처캐피털을 300번
    찾아가서 2004년 3월 마침내 9백만 달러를 투자받았다. ..... pp. 16, 136, 183

QR 코드를 휴대폰으로 스캔해 보세요.

페이스북 .... Facebook
세계 최대의 소셜 네트워크 서비스. 페이스북 《스타트업 바이블》 페이지는 www.facebook.com/startup.bible이다.
.... pp. 16, 52, 86, 95, 147, 170, 201, 209, 232, 234, 249

페이팔 .... PayPal
인터넷을 이용한 결제 서비스............................... pp. 89, 109

포스퀘어 .... Foursquare
위치 기반 소셜 네트워크 서비스............................ pp. 54, 108

폰닷컴 .... Phone.com
중소기업을 대상으로 VoIP를 제공하는 서비스 업체. .... p. 248

프리딕티브 바이오사이언스 .... Predictive Biosciences
조직검사나 고가장비 없이 악성 질환을 판단해주는 생명과학 회사.... p. 61

플레이리스트 .... playlist.com
마이스페이스, 페이스북을 위한 위젯을 제공한다................ p. 231

허브스팟 .... HubSpot
미국 인터넷 마케팅 소프트웨어 회사.......................... p. 255

부록 ㄴ - 용어 사전

내용은 한국어와 영어 위키피디아, 그리고 네이버 사전을 참조했습니다.

2차적저작물(著作物) .... derivative work
　원(原) 저작물을 번역·편곡·변형·각색·영상제작하거나, 그 밖의 방법으로 작성한 창작물로 독자적인 저작물로서 보호된다.

product manager ....
　조직에서 제품을 조사하고, 선별하고, 개발하는 직무를 맡은 사람

가상 공동체 .... virtual community
　특정 매체를 통해 상호작용하는 개인들로 이루어진 사회적 조직. 대부분의 가상 공동체는 인터넷을 매개로 하기 때문에 인터넷 공동체 또는 인터넷 커뮤니티라고도 한다 .... p. 163

강제력(强制力) ....
　강제하는 힘이나 권력. 행정청에서 상대가 의무를 이행하지 않은 경우에 의무를 이행하게 할 수 있는 힘 .... p. 127

경영학 석사 .... MBA
　19세기 후반 미국에서 기원. 국가의 산업화와 회사들의 과학적 경영기업을 추구하기 시작하면서 발전 .... pp. 22, 28, 33, 173, 267

계명(誡命) .... commandment
　종교에서 반드시 지켜야 할 조건 .... p. 18

고유 방문자 .... unique user
　특정 웹 사이트를 찾는 방문자 숫자. 일인당 방문 횟수와 무관함 ...... p. 54

교열(校閱) ....
　문서나 원고의 내용 가운데 잘못된 것을 바로잡아 고치며 검열함 ... p. 62

교정(校正) ....
　교정쇄와 원고를 대조하여 오자·오식·배열·색 따위를 바르게 고침 .. p. 62

그래픽 사용자 인터페이스 .... Graphical User Interface, GUI
　컴퓨터를 사용하면서 그림으로 된 화면 위의 물체·틀·색상과 같은 그래픽 요소들을 어떠한 기능과 용도를 나타내기 위해 고안된 사용자를 위한 컴퓨터 인터페이스.

QR 코드를 휴대폰으로 스캔해 보세요.

근본주의(根本主義) .... fundamentalism
종교의 교리에 충실하려는 운동. 경전의 내용에 문자 그대로의 절대적 준수를 지향. .... p. 89

기관투자(機關投資) ....
개인이 아니라 은행이나 법인에서 하는 투자. .... pp. 43, 60

기술혁신상 .... World Economic Forum Technology Pioneer Programme
비즈니스와 사회에 큰 공헌을 할 수 있는 혁신적인 기술을 개발하고 있는 기업에 세계경제포럼이 수여하는 상. .... p. 60

기업공개(企業公開) .... initial public offering: IPO
주식공개 또는 기업공개. 국내에서는 주로 코스닥에 등록한다는 의미. ....
.... p. 17

기조연설(基調演說) .... keynote speech
국회·전당 대회·학회 따위에서 중요 인물이 기본 취지나 정책, 방향 따위에 대해 설명하는 연설. .... p. 81

기회비용 .... opportunity cost
어떤 재화의 여러 가지 종류의 용도 중 어느 한 가지 만을 선택한 경우, 나머지 포기한 용도에서 얻을 수 있는 이익의 평가액(評價額). .... pp. 22, 245

닷컴버블 .... dot-com bubble
1995~2000년에 걸쳐 인터넷 관련 분야가 성장하면서, 산업 국가의 주식 시장이 지분 가격의 급속한 상승을 본 1995~2000년에 걸친 거품 경제 현상. .... p. 16

데이터베이스 .... database
데이터를 효율적으로 처리하기 위하여 개발된, 데이터를 유기적으로 결합하여 저장한 집합체. 같은 데이터가 중복되는 문제를 없앨 수 있다.. p. 202

도급(都給) ....
당사자 가운데 한쪽이 어떤 일을 완성할 것을 약속하고, 상대편이 그 일의 결과에 대하여 보수를 지급할 것을 약속함으로써 성립하는 계약.

glossary

리믹스 .... remix
노래를 새로운 형식으로 만드는 방법. 디스크 자키들이 같은 레코드를 2장 준비하고 그 레코드를 나란히 놓은 테이블에서 믹서를 사용해 약간의 시간 차이를 붙여 재생.. .... pp. 175, 189, 194

리버스 엔지니어링 .... reverse engineering
장치 또는 시스템의 기술적인 원리를 그 구조분석을 통해 발견하는 과정이다. 이것은 종종 대상(기계 장치, 전자 부품, 소프트웨어 프로그램 등)을 조각내서 분석하는 것을 포함한다. .... p. 254

마케팅 .... marketing
어떤 잠재적인 욕구를 자극하여 표면상으로 이끌어 내는 행위나 동기......
.... pp. 34, 53, 97, 144, 175, 188, 194, 200, 234

무어의 법칙 .... Moore's law
반도체 집적회로의 성능이 18개월마다 2배로 증가한다는 법칙이다. 경험적인 관찰에 바탕을 두고 있다.

뮤직 퍼블리셔 .... music publisher
작사·작곡가에게 그들의 창작물이 상업적으로 사용될 때 마다 돈이 지불되도록 책임을 지는 단체.

미다스 .... Midas
만지는 모든 것이 황금으로 변하는 것으로 널리 알려져 있는 그리스 신화에 나오는 왕. .... p. 107

바이러스 마케팅 .... viral marketing
네티즌들이 이메일이나 다른 전파 가능한 매체를 통해 자발적으로 어떤 기업이나 기업의 제품을 홍보할 수 있도록 제작하여 널리 퍼지는 마케팅 기법. 흔히 바이럴 마케팅이라고 부르기도 한다. .... p. 195

베타 .... beta
상업용 소프트웨어 따위의 정식 발표 전에 소프트웨어 검사를 위하여 회사가 정하는 특정 사용자들에게 배포하는 시험용 제품. .... pp. 43, 60, 275

QR 코드를 휴대폰으로 스캔해 보세요.

벤처 기업 .... startup company
고도의 전문 능력·창조적 재능·기업가 정신을 살려, 대기업에서는 착수하기 힘든 특수한 신규 산업에 도전하는 연구개발형 신규기업................
.... pp. 16, 21, 34, 48, 52, 74, 90, 94, 100, 107, 112, 129, 139, 144, 156, 168, 200, 215, 242, 302, 259, 262

벤처캐피털 .... venture capital: VC
잠재성과 위험도가 매우 높은 초창기의 벤처 기업에 투자하는 금융자본 회사. 창업투자회사. .... pp. 94, 100, 106, 112, 121, 134, 139, 151

분석 마비증 .... analysis paralysis
상황 분석에 지나치게 집중해서 어떤 결정을 취하지 못하는 상황.... p. 168

브랜드 .... brand
어떤 경제적인 생산자를 구별하는 지각된 이미지와 경험의 집합이며 좁게는 어떤 상품이나 회사를 나타내는 상표나 표지. .... pp. 90, 234

블루오션전략 .... blue ocean strategy
성공하려면 경쟁이 없는 새로운 시장을 창출해야 한다는 경영 전략. ....
.... p. 152

비용 타당성 분석 .... cost-benefit analysis
특정 안(案)을 실현하는 데 필요한 비용과 그로 인하여 얻어지는 이익을 평가, 대비함으로써 그 안의 채택 여부를 결정하는 방법. .... p. 36

비즈니스 모델 .... business model
기업 이윤을 창출하는 방법을 나타낸 모형............................. p. 156

사례 연구.. case study
하나 또는 몇 개의 사례를 중심으로 분석하는 연구. .... p. 34

사용자 경험 .... User Experience: UX
사용자가 어떤 시스템·제품·서비스를 직·간접적으로 이용하면서 느끼고 생각하게 되는 총체적 경험. .... p. 89

사용자 인터페이스 .... User Interface: UI
사람과컴퓨터 프로그램 사이에서 의사소통을 할 수 있도록 일시적 또는 영구적인 접근을 목적으로 만들어진 물리적·가상적 매개체. .... p. 89

glossary

서브프라임 모기지 사태 .... subprime mortgage crisis
2007년에 발생한 비우량 주택담보대출 사태. 미국의 TOP 10에 드는 초대형 모기지론 대부업체가 파산하면서 시작됐다. 미국만이 아닌 국제금융시장에 신용 경색을 불러온 연쇄적인 경제 위기. .... p. 174

성장곡선 .... growth curve
생물의 생장의 시간적 경과를 나타내는 곡선. 보통 세로축에 무게·길이·신장 따위를, 가로축에 시간을 나타내며, 일반적으로 생장 속도는 처음에는 완만하다가 급속하게 되고 다시 완만해지므로 'S' 자 모양이 된다.... p. 232

셋톱 박스 .... set-top box: STB
텔레비전에 연결하면 외부에서 들어오는 신호를 받아 적절히 변환하여 텔레비전으로 그 내용을 표시해 주는 장치. .... p. 140

소셜 미디어 .... social media
소셜 네트워크의 기반 위에서 개인의 생각이나 의견·경험·정보 등을 서로 공유하고 타인과의 관계를 생성 또는 확장시킬 수 있는 개방화된 온라인 플랫폼. .... pp. 189, 202, 234

소프트웨어 개발 프로세스 .... software development process
소프트웨어 제품을 개발하기 위해 필요한 과정 또는 구조. .... p. 83

소프트웨어 개발자 .... software developer
소프트웨어 개발 작업에 종사하는 사람. 좁게는 소프트웨어 설계와 코딩, 넓게는 프로젝트 관리 업무를 포함. .... pp. 43, 69, 74, 81, 134, 266

스마트폰 .... smartphone
PC와 같은 기능, 더불어 고급 기능을 갖춘 휴대 전화. ..... pp. 69, 164, 180

시리즈 A 투자 .... Series A round
미국에서 보통 투자 과정을 시리즈 A, B, C 또는 D라고 표현한다. 쉽게 말해 스타트업이 투자를 몇 번 받았는지를 말해주는 용어다. 시리즈 A 투자는 스타트업이 처음으로 기관 투자를 받는 과정이다. .... pp. 41, 60, 69

시장조사 .... market research
한 상품이나 서비스가 어떻게 구입되며 사용되고 있는가, 그리고 어떤 평가를 받고 있는가 하는 시장(市場)에 관한 조사. .... p. 122

QR 코드를 휴대폰으로 스캔해 보세요.

신념의 도약 .... The Leap of Faith
형태도 없고, 증명할 수도 없고, 실증적 증거도 없는 어떤 것을 받아들이
거나 믿는 행위. .... p. 24

신주(新株) ....
유상 증자·무상 증자를 통해 새로이 발행한 주식. .... p. 144

아
바타 .... avatar
'나의 분신'이라고 불리는 온라인 캐릭터. 사용자는 자신의 캐릭터를 유·무
료로 치장할 수 있다. .... p. 163

앱 스토어 .... App Store
애플이 운영하는 아이폰·아이패드 앱 다운로드 서비스. ....
.... pp. 165, 180, 189, 195

양산(量産) .... mass production
조립 라인 등을 통해 표준화된 제품을 대량으로 생산하는 방식.

어장관리(漁場管理) ....
실제로 사귀지는 않지만 마치 사귈 것처럼 친한척하면서 자신의 주변 이성
들을 동시에 관리하는 태도·행태를 의미하는 신종 연애용어. .... p. 101

얼리 어답터 ....early adopter
새로운 기기나 제품에 대해 신속하게 적응하고 활용하는 사람. ...... p. 231

엔젤 투자자 .... angel investor
초기 단계의 벤처에 투자해서 주식 지분이나 전환사채를 받는 투자자. 국
립국어원 외래어 표기법으로는 '에인절'이지만 업계 표기를 썼다. ....
.... pp. 43, 86, 127

엔터테인먼트법 .... Entertainment law
영화·음악·공연·게임 등, 각 문화 산업별로 독특한 권리구조와 유통구조는
물론 공정거래법·부정경쟁법·통상법을 다루는 법률 분야.

연쇄 창업자 .... serial entrepreneur
지속적으로 새로운 아이디어를 떠올리고 새로운 사업을 하는 사람. ....
.... pp. 33, 109, 165, 240, 248, 262

glossary

오컴의 면도날 .... Occam's razor
    같은 현상을 설명하는 두 개의 주장이 있다면, 간단한 쪽을 택하라. p. 210

오픈 소스 .... open source
    소프트웨어 제작자의 권리를 지키면서 원시 코드를 누구나 열람할 수 있도록 한 소프트웨어 혹은 오픈 소스 라이선스에 준하는 모든 통칭.. ..... p. 53

외주(外注) ....
    자기 회사에서 만들 수 없는 제품이나 부품 따위를 다른 회사에 맡겨 만들게 함.. .... pp. 84, 90

원청회사(原請會社) ....
    입찰에 응하여 도급을 따낸 회사를 하청 회사에 상대하여 이르는 말. p. 84

웹 검색 엔진 .... web search engine
    웹 사이트를 검색하기 위한 프로그램. .... pp. 108, 250

위지위그 .... WYSIWYG
    문서 편집 과정에서 화면에 나온 글자가 출력물과 동일하게 나오는 방식.. p. 120

음원(音源) ....
    실제 악기를 직접 연주하면 나타나는 소리. 모든 악기를 음악을 들을 때마다 직접 연주한다는 것은 현실적으로 불가능하다. 따라서 해당 악기의 소리를 특정한 매체에 기록하였다가 필요할 때 소리로 환원하여 사용하게 되는데, 이러한 과정에서 나타나는 결과의 모체. .... pp. 164, 194

이카로스 .... Icarus
    그리스 신화에 등장하는 인물로 다이달로스의 아들. 아버지가 만든 날개를 달고 크레타 섬을 탈출할 때 떨어져 죽었다. .... p. 82

자산(資産) .... asset
    경제적인 가치가 있는 재화. .... p. 255

재무제표(財務諸表) .... financial statement
    회계(會計) 실체의 일정 기간(회계 기간) 동안의 경제적 사건과 그 기간 말에 있어서의 경제적 상태를 나타내기 위한 일련의 회계보고서. ...... p. 113

QR 코드를 휴대폰으로 스캔해 보세요.

저작권 ....copyright
창작물을 만든이(저작자)가 자기 저작물(著作物)에 대해 가지는 배타적인 법적 권리. 저작권자는 다른 사람이 복제·공연·전시·방송·전송하는 등의 이용을 허가하거나 금지할 수 있다..........................pp. 165, 194, 217

전당대회(全黨大會)... national convention
정당이 개최하는 전국적인 대의원 대회. ....p. 216

정보기술 .... Information Technology: IT
정보처리·컴퓨터 네트워크·컴퓨터 하드웨어·컴퓨터 소프트웨어·멀티미디어 등 사회 기반을 형성하는 기술 분야. . pp. 17, 21, 42, 48, 53, 59, 136, 182

종잣돈 .... seed money
어떤 돈의 일부를 떼어 일정 기간 동안 모아 묵혀 둔 것으로, 더 나은 투자나 구매를 위해 밑천이 되는 돈............................pp. 52, 127, 196, 217

지분(持分) 희석(稀釋)..stock dilution
회사가 신주를 발행하면서 기존 주주의 지분이 낮아지는 현상.pp. 144, 244

창업가 정신..entrepreneurship
외부환경 변화에 민감하게 대응하면서 항상 기회를 추구하고, 그 기회를 잡기 위해 혁신적인 사고와 행동을 하고, 그로 인해 시장에 새로운 가치를 창조하는 일련의 활동 과정. ....pp. 35, 215, 274

최고경영자 ....chief executive officer: CEO
회사의 총체적인 경영을 책임지는, 가장 높은 위치에 있는 경영자. ....
.... pp. 28, 91, 127, 134, 178, 209, 248

출구 전략 ....exit strategy
투자한 자본을 최대한으로 회수하는 일. ....p. 250

캐주얼 게임..casual game
가볍게 게임을 즐기는 다수를 겨냥한 게임이다. ....p. 179

코스닥 .... KOSDAQ
한국 주식시장. 첨단 기술주 중심인 미국 나스닥(NASDAQ) 시장을 본떠 만든 주식 시장이다. 코스닥을 만든 것은 중소기업 및 벤처들이 증시에서 사업자금을 보다 원활히 조달할 수 있게 하기 위함이다.................p. 249

glossary

클라우드 컴퓨팅 ....cloud computing
즉, 사용자의 모든 정보를 인터넷 상의 서버에 저장하고, 이 정보를 각종
IT기기를 통하여 언제 어디서든 이용할 수 있는 개념............ pp. 54, 157

클라이언트 .... client
컴퓨터 네트워크에서 클라이언트는 네트워크를 통해 서버라는 다른 컴퓨
터 시스템 상의 원격 서비스에 접속할 수 있는 응용프로그램이나 서비스..
.... p. 174

태블릿 컴퓨터 .... tablet computer
자판이나 마우스가 아닌 디지털 펜, 손가락을 주된 입력 장치로 사용하는
평평한 터치 스크린이 완전히 장착된 컴퓨터.. .... p. 70

투자 전 기업 가치 .... pre-money valuation
사모투자(private equity) 혹은 벤처 캐피털 산업에서 널리 사용되는 용어
로 투자 혹은 파이낸싱 이전의 회사의 가치나 자산. .... p. 145

투자 후 기업가치 .... post-money valuation
투자 이후의 회사의 가치를 뜻하는 용어로 투자 전 기업가치와 새로 발생
한 자본의 총액. .... p. 145

특허(特許). .... patent
특정 발명을 공개하는 대가로 발명인한테 그 발명에 대한 독점권을 특정
기간 동안 부여하는 일종의 지적재산권. .... p. 156

평가가치 .... valuation
말 그대로 스타트업의 금전적인 가치를 뜻한다. 평가가격은 창업할 회사를
금액으로 환산한 구체적인 수치이자, 투자받을 금액과 교환할 회사 지분을
계산하기 위한 기본적인 숫자. .... pp. 69, 107, 139, 144, 243

포커스 그룹 .... focus group
잠재 고객을 불러서 조사하는 연구법. 제품·서비스에 대한 반응을 본다. ..
.... p. 200

프로토타입 .... prototype
아이디어의 시장 가능성 여부를 검증하기 위한 가장 최소한의 기능만을 갖
춘 데모제품. .... pp. 42, 60, 83, 106, 129, 162

QR 코드를 휴대폰으로 스캔해 보세요.

하 도급(下都給)
어떤 사람이 청부받은 일을 다시 다른 사람이 청부받는 일.

학벌(學閥)
특정 학파 또는 특정 학교 출신자가 어느 직업 혹은 특정 기업, 특정 집단 내에서 암묵적인 지위나 세력을 형성하여 그것을 자기들의 지위를 유지하거나 세력을 확장하는 데 이용하는 행위나 그 집단을 지칭하는 용어. p. 27

해커 .... hacker
해킹을 하는 사람이라는 뜻. 컴퓨터 전반, 특히 보안에 능통한 전문가. .... p. 81

현금흐름...cash flow
기업 활동을 통해 나타나는 현금의 유입과 유출. .... p. 216

현대 포트폴리오 이론 .... modern portfolio theory
자산을 분산투자하여 포트폴리오를 만들게 되면 분산투자 전보다 위험을 감소시킬 수 있다는 이론. .... p. 178

부록 5 - 벤처캐피털 사전

DFJ 아테나 .... DFJ Athena
    미국계 한국 VC. 모기업 DFJ (Draper Fisher Jurvetson)는 1985년 설립된 미국 실리콘 밸리 VC. .... p. 114

베시머 벤처 파트너스 .... Bessemer Venture Partners
    100년 넘는 역사를 자랑하는 미국 VC. 미국, 이스라엘, 인도에 사무실을 두고 있음. 스카이프, 링크드인에 투자. .... p. 108

미국 벤처캐피털협회 .... National Venture Capital Association: NVCA
    .... p. 100

세쿼이아 캐피털 .... Sequoia Capital
    미국 실리콘 밸리 VC. 구글·야후!·페이팔·엔비디아·시스코·오라클·애플·유튜브에 투자. .... p. 109

소프트뱅크 벤처스 코리아 .... SoftBank Ventures Korea
    일본계 한국 VC. 한국 벤처 태터앤컴퍼니에 투자. .... p. 114

스트롱 벤처스 .... Strong Ventures
    미국 로스엔젤레스 VC. 저자 배기홍이 운영함. .... pp. 82, 127

알토스 벤처스 .... Altos Ventures
    미국 실리콘 밸리 VC. 한국인 파트너 있음. 한국 벤처 판도라TV·블루홀 스튜디오·이음·우아한형제들에 투자. .... pp. 109, 114

앤드리슨 호로위츠 .... Andreessen Horowitz
    미국 실리콘 밸리 VC. 아사나·핀터레스트·에어비앤비·포스퀘어·인스타그램·스카이프·징가에 투자.

유니온 스퀘어 벤처스 .... Union Square Ventures
    미국 뉴욕 VC. 엣시·텀블러·포스퀘어·트위터·텀블러·징가·딜리셔스에 투자. .... pp. 95, 188, 217

코슬라 벤처스 .... Khosla Ventures
    2004년 비노드 고슬라가 설립한 실리콘 밸리 VC. 비틀리·야머·족닥·스퀘어에 투자. .... p. 107

QR 코드를 휴대폰으로 스캔해 보세요.

클라이너 퍼킨스 코필드 바이어스 .... Kleiner Perkins Caufield & Byers: KPCB
미국 실리콘 밸리 VC. 아마존·구글·인튜이트·매크로미디어·넷스케이프·썬 마이크로시스템즈·스퀘어·스포티파이·눔·징가·그루폰·트위터에 투자......
.... p. 28

트랜스링크 캐피털 .... Translink Capital
미국 실리콘 밸리 VC. 한국인 파트너 있음. 뮤직쉐이크 투자. .... p. 114

트루 벤처스 .... True Ventures
2006년 설립된 실리콘 밸리 VC. 트리피·오토매틱·미보에 투자. ..... p. 239

플라이브릿지 벤처캐피털 .... Flybridge Capital Partners
미국 동부 VC. 디지털 루멘스·프리딕티브 바이오사이언스에 투자. ... p. 59

부록 6 - 영화·출판물 사전

《인크》 .... *Inc.*
　　미국의 비즈니스 월간지.

《뉴요커》 .... *The New Yorker*
　　미국 주간 문예지.

《린 스타트업》 .... *The Lean Startup*
　　실리콘 밸리 기업가 에릭 리스가 쓴 창업서적.

《미슐랭 가이드》 .... *Michelin Guide*
　　프랑스 타이어 회사 미쉐린이 출판하는 세계 최고 권위를 인정받는 레스토랑 평가 잡지.

《블룸버그 비즈니스위크》 .... *Bloomberg Businessweek*
　　미국의 비즈니스 주간지.

《빌보드》 .... *Billboard*
　　미국에서 발간되는 주간지. 여기에 담겨있는 즉 음악 순위표 빌보드 차트는 가장 인기있는 곡과 앨범이 장르별로 들어 있고, 주마다 편집된다.

〈소셜 네트워크〉 .... *The Social Network*
　　페이스북의 탄생 실화를 바탕으로 만든 2010년에 개봉한 미국의 드라마 영화.

《소셜 네트워크》 .... *The Accidental Billionaires*
　　영화 〈소셜 네트워크〉의 원작 논픽션.

(미번역) .... *The Start-up of You*
　　미국 링크드인 CEO 리드 호프먼이 공저한 창업서적.

《월 스트리트 저널》 .... *The Wall Street Journal*
　　미국 뉴욕 시(市)에서 발행되는 일간지.

《포천》 .... *Fortune*
　　미국의 최장수 비즈니스 격주간지.

《휴스턴 크로니클》 .... *Houston Chronicle*
　　미국 텍사스 주(州)에 있는 일간지.

이용 그림 목록

《스타트업 바이블 2》는 크리에이티브 커먼즈 라이선스와 퍼블릭 도메인 그림을 적극적으로 사용했다. 따로 "Courtesy of"라고 명기된 그림은 저작권 사용 승인이 필요한 저작물이므로 마음대로 사용해서는 안 된다. 《스타트업 바이블 2》 출판사에서는 올바른 절차를 밟아서 해당 저작물을 사용했다.

그림 A – CC BY 2.0, Steve Snodgrass on Flickr .... p. 15
그림 B – CC BY 2.0, Justin Ornellas on Flickr .... p. 20
그림 C – CC BY 2.0, 똥싼펭귄 on Flickr .... p. 26
그림 D – CC BY 2.0, brenbot on Flickr .... p. 32
그림 E – CC BY 2.0, Horia Varlan on Flickr .... p. 40
그림 F – Courtesy of Tom Peck .... p. 46
그림 G – CC BY 2.0, kakissel on Flickr .... p. 58
그림 H – Courtesy of Tom Peck .... p. 66
그림 I – 퍼블릭 도메인, Herbert James Draper .... p. 80
그림 J – CC BY 2.0, christian.rondeau on Flickr .... p. 118
그림 K – CC BY 2.0, marytempesta on Flickr .... p. 126
그림 L – CC BY 2.0, katerha on Flickr .... p. 132
그림 M – CC BY 2.0, Justin Ornellas on Flickr .... p. 138
그림 N – CC BY 2.0, netstrolling on Flickr .... p. 150
그림 O – CC BY 3.0, VectorGoods.com .... p. 172
그림 P – CC BY 2.0, Robert S. Donovan on Flickr .... p. 206
그림 Q – Courtesy of 연합뉴스 .... p. 220
그림 R – 퍼블릭 도메인, Olav Bjaaland on Wikimedia .... p. 228
그림 S – CC BY 2.0, Heungsub Lee on Flickr .... p. 252

ⓒ creative commons

크리에이티브 커먼즈(Creative Commons, CC)는 저작권(著作權)의 부분적 공유를 목적으로 2001년에 만들어진 비영리 기관이다. 크리에이티브 커먼즈에서 2002년에 만든 저작권 라이선스인 '크리에이티브 커먼즈 라이선스'는 자신의 창작물에 대하여 일정한 조건 하에 다른 사람의 자유로운 이용을 허락하는 내용의 자유이용 라이선스다.

CC BY 라이선스가 표기된 저작물은 저작자를 반드시 표시해야 한다. 상업적인 목적에 사용할 수 있고, 원(原) 저작물을 변경해서 사용해도 된다.

CC BY-ND 라이선스가 표기된 저작물은 원 저작물 변경을 허락하지 않는 점을 제외하고는 CC BY 라이선스와 같다.

작가 소개

배기홍은 한국의 차세대 창업자 커뮤니티의 인기 도서 《스타트업 바이블》의 저자다. 한국과 미국의 IT 회사에서 실무 경험을 했다. 한국 벤처 자이오넥스에서 영업과 마케팅을 했고, 한국 마이크로소프트에서 마케팅 과장으로 일했다. 이후, 미국으로 건너가 미국 유수의 벤처 경진대회 TechCrunch40 결승업체인 한국의 사용자 제작 음악 벤처 뮤직쉐이크의 북미 지사장을 4년 지냈다. 현재 미국 Strong Ventures의 공동 대표를 맡아 초기 벤처기업의 발굴·투자·운영을 한다.

배기홍은 어린 시절을 스페인에서 보냈고 한국어·영어·스페인어를 구사한다. 2001년 미국 스탠퍼드 대학원에서 공학 석사를 받았고, 2007년 미국 펜실베이니아 대학교 와튼 경영대학원 MBA 학위 과정에 입학했다. 현재 휴학 중이다.

저서 소개

《스타트업 바이블》

정가 13,000원
판형 양장본 A5·전자책
ISBN 978-8996421221
출판일 2010년 8월 9일
저자 배기홍

공급서점
국내 주요 서점, 리디북스(한국), 아이북스(미국), 아마존(미국)

페이지수 243쪽

2010년 출간된 《스타트업 바이블 – 대한민국 제2의 벤처붐을 위하여》는 2년이 지난 2012년 6월 10일 현재도 온라인 서점 YES24에서 창업 분야 종이책 스테디셀러 5위를, 경영 분야 스테디셀러 100위를 기록하는 저력을 과시한다. 참고로 미국 벤처창업 인기 도서 작가 가이 가와사키의 《리얼리티 체크: 성공하는 창업의 진짜 비밀》, 피터 드러커의 《피터 드러커 자서전》, 잭 웰치의 《위대한 승리》 등 쟁쟁한 외국 창업경영 부문 서적을 스테디셀러 순위에서 제친 토종 벤처창업 안내서라는 점에서 큰 의의가 있다. 또한, KBS1 '책 읽는 밤' 64회에서 추천도서로 선정됐다.

Colophon

ADOBE SYSTEMS

OCR A Std
Source Code Pro
Minion Pro

APPLE COMPUTER

APPLE SYMBOLS
APPLE BRAILE

exljbris

Fontin
Fontin Sans

JOHN CASERTA

MODERN PICTOGRAMS

JUST BE NICE

WEB SYMBOLS

MICROSOFT

WEBDINGS